suhrkamp taschenbuch 1894

Octavio Paz wurde am 31. 3. 1914 in Mixcoac/Mexiko-Stadt geboren. 1931 erste Veröffentlichungen in verschiedenen literarischen Zeitschriften. Von 1945 bis 1968 gehörte er dem diplomatischen Dienst seines Landes an. 1984 wurde ihm der Friedenspreis des Deutschen Buchhandels verliehen, 1990 wurde sein Werk mit dem Nobelpreis für Literatur ausgezeichnet.

Alberto Ruy Sánchez, mexikanischer Schriftsteller, war zwischen 1984 und 1986 Redaktionssekretär der von Octavio Paz herausgegebenen Zeitschrift *Vuelta*.

In der vorliegenden Einführung, der ersten, die im deutschen Sprachraum erscheint, beschreibt der Mexikaner Ruy Sánchez Leben und Werk seines Landsmannes, des Nobelpreisträgers von 1990: Octavio Paz.

Ruy Sánchez bietet dem Leser in knapper Ausführlichkeit einen Überblick über den Werdegang des Dichters und Essayisten, des Übersetzers und Herausgebers, des Poetologen und politischen Analytikers.

Der Autor spannt den Bogen von den 30er Jahren, als Paz bereits zu einem Protagonisten der neuen, sozial engagierten mexikanischen Dichtergeneration wird, über die 50er und 60er Jahre, in denen er in den USA, in Europa und Asien mit fremden Kulturen in Kontakt kommt, neue Formen der Ästhetik kennenlernt und weiterentwickelt, bis zu den letzten beiden Jahrzehnten, in denen der Dichter, nach Mexiko zurückgekehrt, als streitbarer Geist auch in der politischen Arena das Wort ergreift.

Ruy Sánchez hat eine Fülle an biographischen Informationen über den Dichter zusammengestellt; in Ausschnitten aus hierzulande bisher unveröffentlichten Interviews erzählt Paz aus seinem Leben; ausgewählte Passagen aus seinen Gedichten (zum Teil erstmals auf deutsch) und Essays gewähren einen Einblick in Paz' dichterische und poetologische Entwicklung. Eine Einführung, die dem Paz-Kenner einen Gesamtüberblick und demjenigen, der den Pazschen Kosmos zum erstenmal betritt, einen Schlüssel in die Hand gibt.

Alberto Ruy Sánchez
Octavio Paz
Leben und Werk

Eine Einführung

Aus dem Spanischen übersetzt
von Thomas Brovot

Suhrkamp

Titel der spanischen Originalausgabe:
Una introducción a Octavio Paz
Umschlagfoto: Isolde Ohlbaum

suhrkamp taschenbuch 1894
Erstausgabe
Erste Auflage 1991
© 1990, Alberto Ruy Sánchez
D.R. © 1990, Editorial Joaquín Mortiz, S.A.
de C.V. Grupo Editorial Planeta, México, D.F.
© der deutschen Übersetzung
Suhrkamp Verlag Frankfurt am Main 1991
Suhrkamp Taschenbuch Verlag
Alle Rechte vorbehalten, insbesondere das
des öffentlichen Vortrags, der Übertragung
durch Rundfunk und Fernsehen
sowie der Übersetzung, auch einzelner Teile.
Umschlagfoto: Isolde Ohlbaum
Satz: IBV, Berlin
Druck: Nomos Verlagsgesellschaft, Baden-Baden
Printed in Germany
Umschlag nach Entwürfen von
Willy Fleckhaus und Rolf Staudt

1 2 3 4 5 6 – 96 95 94 93 92 91

Für Maricarmen Castro und Alfonso Alfaro

Vorbemerkung

Dieses Buch ist eine Antwort auf das immer wieder geäußerte Bedürfnis nach einem allgemeinen, aber kurzgefaßten Überblick über das Gesamtwerk von Octavio Paz. In einer ersten Fassung wurde es für die 1989 vom Verlag Charles Scribner's Sons veröffentlichte Enzyklopädie *Latin American Writers* geschrieben, bei deren Herausgeber Carlos A. Solé ich mich für sein Interesse und seine Aufmerksamkeit während der Zeit, in der diese Arbeit entstand, bedanke. Außerdem danke ich der Stiftung J. S. Guggenheim für ihre Unterstützung während des Jahres, in dem ich diesen und andere Texte schrieb. In das vorliegende Buch gehen auf verschiedene Weise einige der ausführlichen Artikel ein, die ich über den Autor geschrieben habe, insbesondere »Octavio Paz: apuntes de una trayectoria« (Octavio Paz: Anmerkungen zu einem Lebensweg), veröffentlicht in *México en el Arte,* Nr. 21, Frühjahr 1989, und »Itinerarios de una mirada: Octavio Paz y las artes visuales« (Stationen eines Blicks: Octavio Paz und die bildenden Künste) im Katalog zur Ausstellung *Octavio Paz: los privilegios de la vista* (Octavio Paz: Die Vorzüge des Sehens), Centro Cultural/Arte Contemporáneo 1990. Außerdem habe ich Informationen aus meinen zahlreichen Gesprächen mit Marie José und Octavio Paz wie auch aus meinen Interviews mit ihm verarbeitet, insbesondere aus den in der Zeitschrift *Artes de México* abgedruckten: »La ciudad en la memoria y en la poesía: una grandeza caída« (Die Stadt in der Erinnerung und in der Dichtung: Eine zerfallene Pracht), Nr. 1, Oktober 1988, und »La pirámide: arquetipo de México« (Die Pyramide: Urbild Mexikos), Nr. 9, Oktober 1990. Sehr hilfreich für diese Arbeit war das ausführliche biographische Interview mit Octavio Paz, *Itinerario poético* (Werdegang eines Dichters), das ich 1989 für eine Sendung im Rahmen der von Héctor Tajonar produzierten Fernsehserie »México en la obra de Octavio Paz« (Mexiko im Werk von Octavio Paz) geführt habe. Um die Lektüre dieses Buches zu erleichtern, habe ich auf Fußnoten verzichtet; sämtliche Quellen sind am Ende in einer Kurzbibliographie aufgeführt.

Erster Kreis
Werden des Dichters
1914-1943

1. *Die Wurzeln. Das Milieu*

Ende der dreißiger Jahre trat im kulturellen Umfeld der Zeitschrift *Taller* eine neue Generation mexikanischer Schriftsteller in Erscheinung. Ihre Präsenz war nicht zu übersehen, denn gleich in ihren ersten Kundgebungen äußerte sich auf recht ungestüme Weise eine neue Sensibilität und eine neue Haltung der Literatur der Welt gegenüber. Der wesentliche Unterschied zur vorhergehenden Generation lag in ihrer Auffassung, das dichterische Geschäft müsse im Bezug zur Zeitgeschichte eine ganz bestimmte, eigene Position beziehen: weder gleichgültig noch untergeordnet. Das literarische Schaffen konnte nicht einfach allen politischen und gesellschaftlichen Ereignissen und Strömungen den Rücken kehren, welche die Zeit dieser Generation prägten, was aber auch nicht hieß, daß die Literatur automatischer Ausfluß jener historischen Umstände wäre: also weder schlichtweg »sozialkritische« noch unbefangen »reine« Dichtung; statt dessen eine neue, reichere und weniger schematische Auffassung von Literatur.

Diese Dichter konnten aus dem Erbe von dreißig Jahren weltweiter künstlerischer Avantgarde schöpfen, was sie in die Lage versetzte, auf ihrer poetischen Entdeckungsreise auf neue Formen zu stoßen. Das war nicht zuletzt der Sinn ihres Experimentierens: Sie waren die jungen Stimmen einer wirklich neuen Dichtkunst, die sich nicht mehr mit bloßer »Rhetorik« zufriedengeben wollte, welche Octavio Paz auf eine poetische Formel brachte:

Die Vögel singen, singen,
ohne zu wissen, was sie singen:
all ihr Verstand ruht in der Kehle.

Die neue Sensibilität sollte durch ihre Bücher und mit den Jahren einen großen Teil der literarischen Kultur im Mexiko der folgenden fünf Jahrzehnte bestimmen; diese literarische Epoche ist bis heute nicht abgeschlossen. Und die Werte, die Erkundungen, die poetischen Mittel jener Schriftsteller werden das Gesicht der mexikanischen Literatur großenteils wohl noch am Ende des Jahrhunderts prägen. Zugleich bereiteten die mexikanischen Dichter dieser Generation, gemeinsam mit ihren Zeitgenossen aus anderen Ländern Lateinamerikas und aus Spanien, den Weg für die moderne Lyrik Hispanoamerikas.

Zu jenen jungen Schriftstellern, die zu Beginn der vierziger Jahre noch keine dreißig Jahre alt waren, gehörte Octavio Paz. Ganz besonders aktiv, kämpferisch und produktiv im dichterischen Schaffen wie auch auf anderen kulturellen Gebieten, trat er immer deutlicher als Protagonist seiner Generation und der neuen literarischen Epoche hervor.

Octavio Paz wurde am 31. März 1914 in Mexiko-Stadt geboren. Er war das Kind einer Familie, die väterlicherseits seit mehreren Generationen in Mexiko ansässig und stolz auf ihre kreolische Abstammung war und mütterlicherseits aus Andalusien stammte (der Großvater kam aus Medina-Sidonia, die Großmutter aus Puerto de Santa María). Von der Mutter, Josefina Lozano, gibt es ein mythisches Porträt in dem Gedicht »Von der Kladde zur Klarheit« (»Pasado en claro«), das ihr Sohn 1974 schrieb, viele Jahre nach ihrem Tod:

> Sie gaben mir auch Brot, gaben mir Zeit,
> Pausen in den Buchten der Tage, lichte
> Stellen stehender Strömung fürs Alleinsein mit mir.
> Kind unter wortkargen Erwachsenen
> und ihren entsetzlichen Kindereien,
> Kind in Korridoren mit hohen Türen,
> in Stuben mit Porträts,
> dämmrigen Bruderschaften nicht vorhandener Leute,
> überlebendes Kind
> der erinnerungslosen Spiegel
> und ihres Volks aus Wind:

die Zeit und all ihre Verkörperungen,
zerfallen in lauter täuschenden Abglanz.
In meinem Haus gab's mehr Tote als Lebende.
Meine Mutter, ein tausendjähriges
Mädchen, Mutter der Welt, Waise von mir,
selbstlos und wild, begriffsstutzig und umsichtig,
Stieglitzin, Hündin, Ameise und Bache,
ein Liebesbrief mit Ausdrucksmängeln,
meine Mutter: ein Brot, welches ich täglich aufschnitt
mit ihrem eignen Messer.

Der Großvater väterlicherseits, Ireneo Paz (1836-1924), gebürtig aus dem Bundesstaat Jalisco, war ein prominenter liberaler Intellektueller und Freimaurer, der an den großen historischen Ereignissen seines Jahrhunderts teilhatte: Er war Mitglied der Truppen, die gegen das französische Interventionsheer Napoleons III. kämpften, und wurde zum Oberst befördert; er bekleidete ein Ministeramt im Bundesstaat Sinaloa; er gehörte der Bewegung an, die Porfirio Díaz in das Präsidentenamt hob; er war Mitglied des Stadtrates von Mexiko und Abgeordneter des Unionskongresses. Er schrieb eine Biographie über Porfirio Díaz, verschiedene historische Romane *(Doña Marina, Amor y suplicio, Leyendas históricas de la Independencia)*, kostumbristische Romane *(Amor de viejo, Las dos Antonias, La piedra del sacrificio)*, Theaterstücke *(La bolsa o la vida, Los héroes del día siguiente, La manzana de la discordia)*, seine Memoiren und sogar einen Gedichtband *(Cardos y violetas)*.

Dank der vortrefflichen Bibliothek des Großvaters las Octavio Paz schon sehr früh Benito Pérez Galdós und Lucius Apulejus, dann Lope de Vega, Calderón de la Barca, Juan Ruiz de Alarcón, Luis de Góngora, Francisco de Quevedo und viele andere. Dort fand er die Klassiker der spanischen Lyrik, und auch das Werk der »modernistischen« hispanoamerikanischen Schriftsteller der Jahrhundertwende fehlte nicht. Einen Großteil der umfangreichen Bibliothek nahmen die französischen Erzähler und Dichter ein: Als Kind begann er, teilweise eingeführt von einer Tante (»Meine Tante, im Traum redende Jungfer/lehrte mich, mit geschlossenen/Augen zu sehn, nach innen zu sehn und durch die Mauer.«), seine weitreichenden Erkundungen der französischen Kunst und Literatur, seinen beständigen Dialog mit einer Kultur, die auf vielfältige Weise, und nicht nur in diesem Jahrhundert, ihre feinen Spuren in Literatur und Denken der Mexikaner hinterlassen hat. »Ich stamme«, sagt Octavio Paz in *Mutuas inspiraciones* (Wechselseitige Inspirationen), »aus einer mexikanischen Mittelstandsfamilie, die man ›afrancesada‹ nennt. Um 1910 gab es viele davon. Was will man sagen, wenn man von ›afrancesamiento‹ spricht? Wenn wir in den Wörterbüchern nachschlagen, stellen wir fest, daß das Wort jene bezeichnet, die die Franzosen übertrieben nachahmen. Außerdem bezieht man es auf die Bonapartisten im Spanien des vergangenen Jahrhunderts. Aber der Ausdruck hat noch eine umfassendere, edlere und reichere Bedeutung. Es genügt, unsere Historiker, Romanciers und Denker zu lesen, um festzustellen, daß man schon seit dem ausgehenden 18. Jahrhundert die Anhänger der Aufklärung ›afrancesados‹ nannte, und etwas später diejenigen, die mit der französischen Revolution sympathisierten. Im Laufe des 19. Jahrhunderts wurde das Wort dann verwendet, um die Liberalen zu bezeichnen. In diesem Sinne waren beinahe alle unsere großen Liberalen ›afrancesados‹, von José Luis Mora bis Ignacio Ramírez, von Altamirano bis Justo Sierra. Die einen bewunderten Benjamin Constant, andere Danton, die einen waren Girondisten, andere Jakobiner, und wieder andere schworen auf den Ersten Konsul oder sogar auf den Kaiser. Am Ende des Jahrhunderts nahm die Vokabel eine ästhetische Tönung an, und ›afrancesado‹ war gleichbedeutend mit Symbolist oder ›dekadent‹, man war ein Verehrer Flauberts oder Zolas, und schließlich, wie Rubén Darío es ausdrückt, ›kraftvoll wie Hugo und schillernd wie Verlaine‹. So erreichen wir das 20. Jahrhundert, das heißt den Realismus von Azuela und

Martín Luis Guzmán, die Prosa von Reyes und Torri, die Lyrik von Tablada, González Martínez, López Velarde, Villaurrutia, Gorostiza, Torres Bodet. Das Werk all dieser Schriftsteller – und sie sind nicht die einzigen – steht in einem mal offenen, mal verborgenen Dialog mit der französischen Literatur.«

Ireneo Paz starb 1924, fast neunzigjährig, beim Blick auf die Uhr – seine Stunde hatte geschlagen. Sein Enkel, damals zehn Jahre alt, wurde Zeuge jener letzten Szene, und lange Zeit später ließ er sie in einem Gedicht wieder aufleben, »Abgebrochene Elegie« (»Elegía interrumpida«, aus dem Teil »Puerta condenada, 1938-1946« des Bandes *Libertad bajo palabra*), in dem der Dichter sich der Toten der Familie erinnert und dem Tod ins Gesicht schaut, auch seinem eigenen. Der Abschnitt über den Großvater eröffnet das Gedicht:

Heut denk ich an die Toten meines Hauses.
Den ersten Toten – nie vergessen wir ihn,
wäre er auch am Blitz gestorben, jählings,
daß es nicht mehr zum Bett, zur Ölung reichte.
Ich hör' den Stock noch zögern auf der Stiege,
den Körper, der sich stützt auf einen Seufzer,
höre die Tür, den Toten, der hereinkommt.
Zwischen Türe und Tod ist wenig Abstand,
und kaum bleibt noch die Zeit, sich hinzusetzen,
den Kopf zu heben, nach der Uhr,
und festzustellen: Viertel nach acht.

In einem anderen Gedicht, »Von der Kladde zur Klarheit«, erscheint die Gestalt des Ireneo Paz, wie sie dem Kind Lebensunterricht erteilt:

Die Eschen lehrten mich
unter dem Regen die Geduld,
anzusingen gegen den jähen Wind.
(...)

Mein Großvater, im Sturz zu lächeln
und allem Unglück nüchtern die Stirn, die Brust zu bieten.
(Was ich sage, ist Erde, hingestreut
auf deinen Namen: *Möge sie dir leicht sein.*)

Der Vater von Octavio Paz, Octavio Paz Solórzano, war wie der Großvater ein reger politischer Journalist. Während der Mexikanischen Revolution schloß er sich mit Antonio Díaz Soto y Gama und anderen fortschrittlichen Intellektuellen der von Emiliano Zapata geführten Bewegung an. Er nahm teil am Revolutionskonvent, als dieser 1915 von Aguascalientes nach Mexiko-Stadt verlegt wurde, und nach dessen allgemeiner Auflösung beteiligte er sich an dem Versuch, ihn 1916 in Toluca fortzuführen. Er lebte in den Vereinigten Staaten im Exil und vertrat dort Zapata und seine Befreiungsarmee des Südens. In Los Angeles gründete er zusammen mit Ramón Puente, einem verbannten Repräsentanten Francisco Villas, ein Wochenblatt. Anderthalb Jahre seines Exils lebten seine Frau und sein Sohn Octavio, damals noch keine vier Jahre alt, mit ihm in Los Angeles.

Octavio Paz Solórzano war einer der Wegbereiter der Landreform in Mexiko und gründete nach seiner Rückkehr aus den Vereinigten Staaten die Nationale Agraristenpartei. Er schrieb eine leidenschaftliche Biographie Zapatas, worin er die Darstellung der historischen Ereignisse verknüpft mit einer flammenden Verteidigung der agraristischen Ideen. Er starb 1934 unter tragischen Umständen: er wurde von einem Zug überrollt. Auch sein Tod erscheint in dem Gedicht »Von der Kladde zur Klarheit«; darüber sagt Octavio Paz selbst: »Der Tod ist die Mutter der Formen...«, und »die Jahre und die Toten und die Silben, verschiedene Geschichten von demselben Geschehen«:

Vom Erbrechen zum Durst,
gefesselt an das Hengstfohlen des Alkohols,
raste mein Vater hin und her, umlodert.

Auf den Schwellen und Schienen
einer Bahnstation voller Mücken
suchten wir eines Abends Stücke von ihm zusammen.
Ich konnte niemals mit ihm reden.
Jetzt begegne ich ihm in Träumen,
dieser trüben Heimat der Toten.
Immer reden wir von anderen Dingen.
Während das Haus zerfiel,
wuchs ich heran. Ich war (ich bin) Gras, Unkraut
zwischen Schutt ohne Namen.

Kurzum: eine verarmte Familie, ein reiches intellektuelles Erbe, ein Haus volle Mauerrisse, voller Porträts verstorbener Familienangehöriger und Bücher. Und vor diesem Hintergrund sollte es später zur Begegnung mit der Dichtung kommen, mit dem Leben, das sich allmählich in poetische Bilder verwandelt. Der Jugendliche Octavio Paz, ein umherschweifender Sechzehnjähriger, der auf der Straße die Welt kennenlernt und über alles staunt, was er beobachtet, tritt in einem in den achtziger Jahren geschriebenen Erinnerungsgedicht auf, »1930: Im Bann der Bilder« (»1930: vistas fijas«):

Was oder wer leitete mich? Ich suchte nichts und niemanden, ich suchte alles und alle:

eine Vegetation blauer Kuppeln und weißer Glockentürme, Mauern von der Farbe getrockneten Blutes, Architekturen:

ein Fest der Formen, ein versteinerter Tanz unter den Wolken, die sich bilden, sich auflösen und sich unaufhörlich neu bilden, immer unterwegs zu ihrer künftigen Form (...)

die Parks und die kleinen Plätze, die ernsten Populationen singender Pappeln und lakonischer Ulmen, kindliche Spatzen und Spottdrosseln (...)

Straßen ohne Ende, Straßen, durchwandert wie man ein Buch liest, einen Körper entdeckt;

Auf diesem Streifzug durch die Straßen betritt der Jugendliche die Patios der Häuser mit ihren baumelnden Vogelbauern, er sieht Jahrmärkte, Stände mit Früchten und Süßigkeiten, Filmplakate, Papiergirlanden, die in den Straßen hängen, verliebte Pärchen, alte Männer und Frauen, »vom Baum des Jahrhunderts abgerissene Zweige«, die Abenddämmerung, hört die Kirmesmusik, und schließlich

> die von Geflüster erfüllte Nacht, und dort in der Ferne das Tuscheln der Frauen, vages Laubwerk, vom Winde bewegt; (...)
> Pärchen, Wälder fiebernder Säulen, umweht vom Atem des begehrlichen Tiers mit tausend Augen und tausend Händen, ein einziges Bild auf die Stirn genagelt,
> stille Pärchen, die regungslos mit geschlossenen Augen dahingehen und endlos in sich selbst fallen;
> der ruhige Taumel dieses einstigen Jugendlichen, der meine Stirn durchbricht, während ich schreibe,
> und der erneut dahinwandert, vielfach allein in seiner einsamen Vielfalt, durch Straßen und über Plätze, die verfallen, kaum daß ich sie nenne,
> und der von neuem sich verliert auf der Suche nach allem und allen, nach nichts und niemandem

Viele der Bilder, die das übrige Gedicht mit Leben erfüllen, gehen zurück auf die Volksfeste oder den sonntäglichen Rummel auf den Straßen seines Städtchens. Schon seit seinen ersten Lebensmonaten wohnte Octavio Paz im alten Mixcoac, heute ein Stadtviertel Mexikos, damals jedoch eine deutlich von der Stadt getrennte Gemeinde. Als der Vater sich im Süden des Landes Zapata anschloß, suchten Mutter und Kind Zuflucht im Herrenhaus des Großvaters Ireneo, das heute noch erhalten ist, an einem kleinen, mit Eschen bestandenen Platz gegenüber einer Kirche aus dem 17. Jahrhundert.

In einer »Gedächtnisübung« über Mixcoac, »Estrofas para un jardín imaginado« (Strophen für einen ersonnenen Garten), ruft der Dichter in Erinnerung, was jenes verwüstete Städtchen einmal war und nun nicht mehr ist, aber er beschwört auch eine seiner ersten Berührungen mit der Poesie herauf: »Eines Nachmittags, als ich aus der Schule rannte, blieb ich plötzlich stehen; ich fühlte mich im Mittelpunkt der Welt. Ich erhob die Augen und sah zwischen zwei Wolken einen offenen blauen Himmel, unentzifferbar, unendlich. Ich wußte nicht, was ich sagen sollte: ich lernte die Begeisterung kennen und, vielleicht, die Poesie.«

In dem Film *Die Sprache der Bäume* von Claudio Isaac erinnert sich Octavio Paz im Garten jenes Hauses in Mixcoac, wie seine Berufung erste Konturen gewann: »Wenn ich an meine Kindheit zurückdenke, denke ich an ein altes, vor der Jahrhundertwende erbautes Haus in einem Ort außerhalb von Mexiko. Das Haus gibt es noch immer, an einem Platz, an dem auch ein anderes berühmtes Haus vom Ende des 18. Jahrhunderts steht, wo Valentín Gómez Farías lebte und starb. Der Platz war sehr volkstümlich, und an jedem 12. Dezember, dem Tag der Jungfrau von Guadalupe, wurde gefeiert, mit Buden und Feuerwerk. Bei uns zu Hause mangelte es an vielem – wir waren eine von der Revolution ruinierte Familie –, aber Bücher gab es reichlich, und auch Blumen. Wir hatten einen Garten, einen alten, etwas verwilderten Garten, mit wucherndem Gras und einigen Bäumen: Eschen und ein paar Kiefern. Unter all diesen Bäumen war die Feige mein Lieblingsbaum. Sie zeigte den Lauf des Jahres an. Sechs Monate lang, sobald es Herbst wurde, war sie ein schwarzes Skelett, dann ergrünte sie wieder. Auch die Früchte waren geheimnisvoll: die Feige ist eine fruchttragende Blüte, oder eine blühende Frucht. Die Schale ist schwarz und umschließt eine rote, dunkle Floreszenz. Ich dachte, Feigen zu essen sei, als esse man Sonne und Nacht. Dort in dem Garten spielten wir, meine Cousins, meine Freunde und ich; aber ich konnte auch alleine sein, auf den Feigenbaum klettern und mir, im Laubwerk versteckt, vorstellen, ich segelte und erforschte die Weite. Der Feigenbaum bewegte sich natürlich keinen Millimeter von der Stelle, aber ich, dort oben auf einem Ast, als wäre es der Mast eines Segelschiffes, ich sah den Horizont, sah die Wolken und erforschte vor allem die Zeit. Der Feigenbaum war die Versuchung und die Nachahmung des Heldentums, der Aktion. Doch sehr bald merkte ich, daß ein Leben in Aktion nicht meine Bestimmung war: ich wollte weder Heiliger sein noch Held. Auch das kontemplative Leben der Philosophen war es nicht. Mein Schicksal, so dachte ich schon als Kind, waren die Wörter. Ich weiß noch, daß mich eine Anekdote über Alexander den Großen sehr beeindruckte. Als Kind wurde er einmal gefragt, ob er Homer sein wollte, der Dichter, oder Achill, der Held. Und Alexander antwortete: Ihr fragt mich, ob ich eine Trompete sein will oder der Held, den diese Trompete preist; ich will Achill sein. Und das wurde er. Die Antwort Alexanders des Großen verstörte mich sehr, denn ich wollte Homer sein. Für mich war Dichtung freilich nicht, was man sich unter einer Trompete vorstellt: ich glaubte nicht, glaube heute noch weniger als damals, daß Dichtung eine Trompete ist, dazu bestimmt, die Taten und Werke der Helden, der Großen dieser Welt zu preisen. Die Dichtung besingt auch das Unglück der Menschen, ihre Mißgeschicke.«

Und so sollte 1989 seine Dichtung von der Zerstörung seines Mixcoac erzählen, eines Ortes, der nun vollständig von der Großstadt verschlungen ist und der doch in seinen Kindertagen einen ganz eigenen Charakter besessen hatte. Der Ort war einmal Mixcóatl geweiht, einem kriegerischen Himmelsgott, der in den Kodizes mit dunkelblau bemaltem Körper erscheint, darauf weiße Punkte, die Sterne, und mit einer schwarzen Maske, dem Antlitz des Nachthimmels. Nach der Besichtigung dessen, was von dem Ort, in dem er seine Kindheit und Jugend verbracht hatte, noch geblieben war, schrieb er ein Gedicht mit dem Titel »Epitaph auf keinem Stein« (»Epitafio sobre ninguna piedra«):

Mixcoac war meine Heimat: drei nächtliche Silben,
eine Schattenmaske auf einem Sonnenantlitz.
Kam Unsere Liebe Frau, die Staubwirbel-Mutter.
Kam und verschlang sie. Ich wanderte durch die Welt.
Haus waren mir meine Worte, mein Grab die Luft.

2. *Dichterische Leidenschaft und soziales Engagement*

In den beiden vorangegangenen Generationen von Intellektuellen in seiner Familie, die ihm ihr Erbe vermachten, gab es nicht allein bildungsbeflissene oder schöpferische Köpfe: seine Vorfahren zeigten außerdem tatkräftiges soziales Engagement. Vielleicht ist es deshalb gar nicht verwunderlich, wenn Octavio Paz bereits auf der Sekundarschule ein feines Gespür für die sozialen Probleme Mexikos bewies und sich an der damaligen Studentenbewegung beteiligte. Von einem katalanischen Mitschüler, José Bosch, dem Sohn eines alten Aktivisten der Iberischen Anarchistischen Föderation (FAI), wurde er an den Anarchismus herangeführt. Die beiden Jugendlichen tauschten ihren Lesestoff: Bosch bekam Romane und Lyrik, Paz verschlang Kropotkin, Proudhon, Reclus und Ferrer. Kurz darauf versuchten die beiden, ihre Mitschüler der Escuela Secundaria Número Tres zu einem Streik aufzurufen. »Der Direktor«, so erzählte Paz später, »rief die Polizei, die Schule wurde für zwei Tage geschlossen, und wir wurden aufs Revier in eine Zelle geschafft. Zwei Nächte haben wir im Arrest verbracht.«

1931 kam er auf die Escuela Nacional Preparatoria, die im Gebäude des ehemaligen Colegio de San Ildefonso untergebracht war, das im 17. Jahrhundert den Jesuiten gehörte und das seinem fast vier Jahrzehnte später geschriebenen, bedeutenden Gedicht »Nachtstück von San Ildefonso« (»Nocturno de San Ildefonso«), der Anrufung Mexikos, wie er es um 1931 erlebte, den Namen gibt. Darin macht er die Intensität jener Epoche spürbar und kritisiert das soziale Engagement mit seinem zunehmenden Hang zur Gewalt, der die gemeinsamen Ideale der damaligen Oberschüler prägte.

Der junge Bursche, der durch dieses Gedicht geht,
zwischen San Ildefonso und dem Zócalo,

>   ist der Mann, der dies schreibt:
>   diese Seite
>   ist auch ein Gang durch die Nacht.
>   Hier werden Gestalt
>   die Freundesgespenster,
>   die Ideen zerstreuen sich.
>   Das Gute, wir wollten das Gute:
>   die Welt ins Lot bringen.
>   Es fehlte uns nicht an geradem Sinn:
>   uns fehlte die Demut.
>   Was wir wollten, wollten wir nicht mit Unschuld.
>   Rezepte und Konzepte:
>   Hochmut von Theologen:
>   Dreinschlagen mit dem Kreuz,
>   Grund legen mit Blut,
>   das Haus errichten mit Verbrechensziegeln,
>   die Zwangskommunion dekretieren. (...)

Zwar blieb sein leidenschaftliches gesellschaftliches und politisches Engagement weiterhin lebhaft und kämpferisch, doch seine dichterische Leidenschaft reifte auf anderen, bisweilen parallel verlaufenden, bisweilen entgegengesetzten Bahnen. Während der Jahre auf dieser Oberschule lernte er die bedeutendsten Dichter der älteren Generation persönlich kennen und machte sich mit der Lyrik ihrer Zeit vertraut. Carlos Pellicer, José Gorostiza und der Philosoph des »Mexikanischen«, Samuel Ramos, waren seine Lehrmeister. Damals lernte er Jorge Cuesta und Xavier Villaurrutia kennen, die ihn ihrerseits schätzten. Gerardo Diegos berühmte Anthologie erschloß ihm die spanische Lyrik in ihrer ganzen Tiefe, so wie Jorge Cuestas Anthologie dies für die mexikanische Lyrik tat.

Zu jener Zeit gründete und leitete er zusammen mit Salvador Toscano, José Alvarado, Rafael López Malo und Arnulfo Martínez Lavalle seine erste Zeitschrift, *Barandal* (1931-1932), in der sie die literarische Avantgarde des 20. Jahrhunderts für ihre Generation entdeckten. Dort wird

Paz' erster Essay veröffentlicht, »Ética del artista« (Ethik des Künstlers), eine Reflexion über die Bedeutung der Kunst als historisches Zeugnis. Mit denselben Leuten gab er später seine zweite Zeitschrift heraus, *Cuadernos del Valle de México* (1933-1934), die insofern von Bedeutung ist, als dort erstmals eindeutiger die Notwendigkeit formuliert wurde, über das hinauszugehen, was sie »poesía pura« nannten. Gleichwohl veröffentlichte Paz damals eine Art von Lyrik, die seine Zeitgenossen mit dem Begriff »intimistisch« abqualifizierten. Und in seiner ersten Gedichtsammlung, *Luna silvestre* (Wildwachsender Mond, 1933), findet sich nicht die geringste Anspielung auf Politik oder Geschichte.

Im Jahre 1934 kommt Rafael Alberti nach Mexiko. »Es war das erste Mal«, so erzählt Octavio Paz, »daß ich einen Poeten seine Gedichte öffentlich vortragen hörte, und ich war hingerissen. Alberti war damals schon Mitglied der Kommunistischen Partei Spaniens und, soviel ich weiß, auf einer Propagandareise durch Amerika. Er hielt mehrere Vorträge und las seine Gedichte vor. Die Vorträge fand ich nicht so bemerkenswert, aber die Lesungen seiner Gedichte waren beeindruckend. Für mich war es eine große Offenbarung. Nach seinen öffentlichen Auftritten trafen wir uns manchmal mit ihm in einer Bierstube und redeten bis drei oder vier Uhr morgens, ganz wie in Spanien. Einmal las ihm jeder von uns, die wir ihn umringten, seine eigenen Gedichte vor. Unglaublich, wie aufgeschlossen Alberti sich verhielt. Wir alle waren schließlich links, aber von da an verspürte ich ein gewisses Unbehagen, was die politische Lyrik betraf und die Literatur, die sich später ›engagiert‹ nannte. Zu jener Zeit schrieb Alberti politische Lyrik. Es war die Zeit von *Consignas*, diesem Bändchen, in dem er die Behauptung aufgestellt hatte, die Dichtung müsse im Dienst der Kommunistischen Partei stehen.« Als Alberti die Gedichte jenes zwanzigjährigen Jungen las, wies er sofort darauf hin, daß dies keine gesellschaftlich-politische Dichtung sei, doch den »revolutionären« Wert seines Versuchs, die Sprache zu wandeln, erkannte er an.

1937, mit dreiundzwanzig Jahren, beschloß er, das Haus der Familie, das Studium an der Juristischen Fakultät und die Stadt Mexiko zu verlassen. Fast vier Monate verbrachte er im Südosten des Landes, in Yucatán, wo er mit ein paar Freunden eine neue fortschrittliche Arbeiterschule gründete, so wie Jahre zuvor bereits einmal in Mexiko-Stadt, als er Mitglied einer ›Studentische Union für Arbeiter und Bauern‹ genannten Organisation war, die in der Stadt Abendschulen eröffnete, deren Unterricht sich alsbald in politische Versammlungen verwandelte.

Im Mai 1937 veröffentlicht er, von Mérida aus, seine »Reisenotizen« in der hauptstädtischen Zeitung *El Nacional*. Darin sind seine poetischen Eindrücke von der Stadt und ihren Einwohnern verquickt mit seinem sozialen Bewußtsein, das alles gefärbt von einer guten Dosis Utopie. Die starke Präsenz des Indianischen in Yucatán berührt den Dichter, desgleichen die Streiks und Versammlungen der Arbeiter und Campesinos in Mérida, die der vom Land zurückeroberten Stadt, so der junge Autor, »Würde verleihen, ihr wahres Gesicht zeigen«. Und immer wieder spürt er den sinnlichen Puls der Stadt, ihre erotische Dimension: »Des Abends keucht die Stadt; Mädchen plaudern auf den Balkons und in den Türen, ihre Stimmen sind wie ein tiefer Fluß, dunkle Ahnung des Wassers. Bisweilen seufzt leise ein Wetterhahn. In einer stillen Straße erhebt sich ein Poltern von Eisen und Stein, und ein durchdringender Geruch nach Pferdelippen und verschwitzten Gliedern weht heran: eine Kalesche fährt vorbei. Um diese Zeit liegt, trotz der Brise, die das nahe Meer herantreibt, etwas Beklemmendes in der Luft, das bedrückt und berückt; eine verborgene, verschlossene Sexualität ist zu erspüren, gehemmt, mit Grimm verheimlicht und in Fesseln.« Der Autor fordert die Bewahrung der Kraft des Maya-Elements auf der Halbinsel. Er geißelt den Imperialismus, die Latifundisten und den Kastengeist. Schließlich entdeckt er in Yucatán ein Symbol des Lebens und des Todes: die Agave. »Wie in jeder kapitalistischen Herrschaft verwirklicht sich hier, daß der Mensch vom Tod des Menschen lebt. Nachts erwacht man zuweilen in Trümmern und Blut. Die Agave, unsichtbar und alltäglich, geleitet das Erwachen.«

Es war die Epoche der populistischen Regierung von Präsident Lázaro Cárdenas, der Landreform und der großen Massenmobilisierung. Unter dem Eindruck des Elends der Maya-Campesinos auf den Agavenfeldern schrieb Paz die erste Fassung seines Gedichts »Entre la piedra y la flor« (Zwischen Stein und Blüte). Darin versucht er, den Gegensatz zwischen dem einfachen, von Riten gelenkten Leben jener Campesinos und dem abstrakten, weltumspannenden System des Geldes aufzuzeigen, das sie in ihrer Existenz bedroht, ohne daß sie es überhaupt ahnen. Was der Dichter zwischen Stein und Blüte entdeckt, zwischen der Kargheit jenes Landstrichs und der erstaunlichen Blüte der Agave, ist der Mensch. Wie ein steter Regen auf den Stein ist der Mensch und sein Schaffen.

Vor allem aber findet Paz, schon in der ersten Fassung, auch einen geglückten, eindringlichen Ausdruck für das neu erschaffene Leben, für eine tiefere Wahrheit, die über jede politische Aussage hinaus Bestand hat. Vom Autor selbst nach mehreren Fassungen als relativ mißlungener, zumindest unbefriedigender Versuch angesehen, legt dieses Gedicht immerhin ein klares Zeugnis darüber ab, was Octavio Paz in jenen Jahren unter anderem auf der Dichterseele lag; gewiß, sicher nicht vorrangig. »Entre la piedra y la flor« war jedenfalls nicht so offensichtlich ein »sozialkritisches« Gedicht wie ein anderes, das Octavio Paz 1936 in bezug auf den spanischen Bürgerkrieg veröffentlichte: »¡No pasarán!«, bestimmt von einer Rhetorik, die sein Autor später in Bausch und Bogen verwerfen sollte. Der Verkaufserlös des Gedichts ging an die Spanische Volksfront in Mexiko.

Wie dem auch sei, die beiden Gedichte stehen in klarem Gegensatz zu denen, die Octavio Paz in seine ersten beiden Sammlungen aufnahm, *Luna silvestre* (Wildwachsender Mond, 1933) und *Raíz del hombre* (Wurzel des Menschen,

1937). Im ersten Band erkennt man den Versuch, intellektuelle Strenge und Lyrisches miteinander zu vereinen. In beiden sind Liebe und Erotik von vorrangiger Bedeutung, der große Strom, der sich, beginnend mit diesen Bänden, durch das gesamte dichterische Werk von Octavio Paz zieht.

Im Laufe der Zeit bekannte sich der Autor nicht mehr zu den sieben Gedichten aus seinem Band *Luna silvestre,* und so verschwanden sie aus den Sammlungen. Doch in einem Gedicht, dem fünften des Bändchens, findet sich bereits im Keim die Leidenschaft, der seine Dichtung von nun an immer wieder nachspürt: die Wörter als dem Begehren Entströmendes, als Brücke zwischen den Körpern, als machtvolle Anrufung der Geliebten.

> Aus dem Schweigen klingen
> deine Wörter noch hervor;
> unter Zweigen stürzen deine Wörter hin
> wie träges, reifes Licht.
> Meine Arme umschließen den vollkommenen Kreis,
> die Leere, angefüllt mit der Erinnerung,
> die mir das Fehlen deines Körpers hinterläßt.
>
> So bist du, ungreifbar, stets bei mir,
> schemenhaft, verschwommenes Bild aus Kindertagen.

Luna silvestre, noch unter dem Namen Octavio Paz Lozano veröffentlicht, stieß in der Presse auf keinerlei Echo. Dies änderte sich jedoch bei seinen folgenden Büchern. Unter dem Pseudonym Marcial Rojas besprach Bernardo Ortiz de Montellano erstmals Octavio Paz' Lyrik. In einem »Rhetorik und Dichtung« betitelten Beitrag (veröffentlicht in der Halbmonatsschrift *Letras de México,* Nr. 1, 15. Januar 1937) führt er, ohne den Namen des jungen Dichters zu erwähnen, seine letzte sozialkritische Dichtung an und argumentiert, dies sei keine Lyrik. Aber während »¡No pasarán!« als eine überaus rhetorische, linke Arbeit eingeschätzt wurde, erkannte man in *Raíz del hombre* das Werk, das man von einem jungen, hochtalentierten Dichter erwartete. Der Kritiker und Dichter Jorge Cuesta war der erste, der sich anläßlich dieses Buches über Octavio Paz äußerte (*Letras de México*, Nr. 2, 1. Februar 1937): »Was Octavio Paz in seiner Jugendlichkeit auszeichnet, ist die Entschlossenheit und die Willenskraft, mit der er es fertigbringt, sein Innerstes der Gefräßigkeit eines Gegenstandes auszusetzen. (...) Ich erwartete von ihm ein Buch wie *Raíz del hombre*, dessen Poesie seine Berufung bestätigt. Nun bin ich sicher, daß Octavio Paz eine Zukunft hat. Er wird sich nicht mehr davor schützen können, es herausgefordert und uns kundgetan zu haben. (...) Unverwechselbar sind die Stimmen von López Velarde, Carlos Pellicer, Xavier Villaurrutia oder Pablo Neruda, die in Paz' Gedichten widerklingen (...); und die Tatsache, daß Octavio Paz sie aufnimmt, hat den Vorzug, sie der sichersten und wertvollsten Zukunft anheimzugeben, die man ihnen bieten kann.«

Jorge Cuestas treffende Anmerkung führte dazu, daß Octavio Paz unter seiner und Villaurrutias Patenschaft in den berühmten Kreis um die Zeitschrift *Contemporáneos* eingeführt wurde, anläßlich eines Essens, bei dem unter anderem darüber gesprochen wurde, was man als Widerspruch zwischen seinen politischen Vorstellungen und seiner Dichtung ansah.

Im selben Jahr, während seines Aufenthaltes in Yucatán, einem Bundesstaat mit bedeutenden archäologischen Fundstätten, entdeckte er den Reichtum der prähispanischen Vergangenheit Mexikos und liebäugelte vorübergehend damit, Archäologe zu werden. Diese Faszination – Liebe, Schrecken, leidenschaftliche Neugier – für das alte Mexiko sollte später ein grundlegender Wesenszug seines lyrischen und essayistischen Œuvres sein. Seine späteren Arbeiten über das prähispanische Mexiko, insbesondere dessen Kunst, erwiesen sich sogar als wesentlicher Beitrag für die Fachwelt. »Die Kunst Mexikos hat mich verzaubert«, sagte er einmal in einem Interview. »Manchmal scheint sie mir eine schreckliche Kunst zu sein, und manchmal auch eine Kunst, die mir die Tür zu einer anderen Wirklichkeit aufstößt. Sie ist eine andere Dimension unseres Bewußtseins.«

3. Die Fragen der Zeit

Im Jahr 1937 ist für Octavio Paz die Zeit eine Summe aus tausend Fragen und Forderungen. Zeit ist Geschichte, die vom Menschen verlangt, ihr gewachsen zu sein. Auf den spanischen Bürgerkrieg antwortet Octavio Paz mit Taten: Von Mexiko aus engagiert er sich in verschiedenen Gruppen für die Spanische Republik; er schreibt, wie bereits gesehen, sein sozialkritisches Gedicht »¡No pasarán!« und vermacht den Erlös der guten Sache; in Yucatán gründet er, zusätzlich zu seinen Aktivitäten in den Arbeiterschulen, ein Komitee für die spanische Demokratie.

Zeit ist auch Geschichte der Lyrik, eine Geschichte, die vom Dichter verlangt, Formen zu finden, die ihrer Essenz entsprechen. So ist die Zeit auch Zeit des Gedichts: Formwille. Die Zeit ist rituelle Zeit der Wörter, Zeit der Begegnungen mit der Geliebten, erinnert und ersehnt. Und so ist *Raíz del hombre,* das von Jorge Cuesta so begeistert besprochene Buch, auch eine Antwort auf das, was er als Forderung der Zeit ansah. Die erste Ausgabe besteht aus fünfzehn Gedichten und einer Einleitung. In der letzten Ausgabe verbleiben von diesen Gedichten nur noch drei, überdies mit Änderungen. Seinerzeit war *Raíz del hombre* Octavio Paz' erstes Langgedicht, allerdings weniger streng durchkomponiert als seine späteren, oder vielmehr mit weniger Bewußtsein für den Charakter des Langgedichts. Ein Thema, für das er sich mit der Zeit lebhaft interessiert, sowohl in der Praxis – er schreibt mindestens zehn solcher Gedichte – als auch in der Theorie oder der Kritik: Er hält Vorträge und schreibt substantielle Essays dazu.

Die Erotik in *Raíz del hombre* ist ein Abgrund, in dem der Mensch plötzlich auf seine biologische, seine gesamte Geschichte stößt. Im Augenblick der Begegnung mit der Geliebten fallen Vergangenheit und Zukunft zusammen, Leben, Liebe und Tod:

Ausgestreckt und aufgerissen,
rechts neben meinen Adern, stumm;
an sterblichen Gestaden unendlich,
reglos und Schlange.

Ich taste über deine trunkene Oberfläche,
die stillen, keuchenden Poren,
das rasende Kreisen deines Blutes,
seinen wiederholten Schlag, grün und matt.

Zuerst ist es ein Morgenhauch,
sanfte Gegenwart aus Pochen,
das deine Haut durchpulst, ganz Lippen,
flirrender Rhythmus der Zärtlichkeiten.
(...)
In weiße Spiralen geworfen,
streifen wir unseren Ursprung, unsere Wurzeln;
Zeitalter weichen, Träume, Zeiten:
die Pflanze ruft uns,
der Stein erinnert uns,
und die dürstende Wurzel
des Baumes, der aus unserem Staub erwuchs.

Zwischen diesen Schatten erspür ich dein Gesicht,
die tiefe Klage deines Geschlechts,
deine Nähe, das Nichts des Lebens,
den Ursprung ahnend in deinem Atemhauch
und den Tod, den du verborgen in dir trägst.

In deinen Augen segeln Kinder, Schatten,
Blitze, meine Augen, und die Leere.

Der verliebte Dichter sah in der Frau eine Chiffre für die allem zugrundeliegende Zeit des Menschen. Zugleich sah er in der Sisalagave (»Entre la piedra y la flor«) eine Chiffre für die rituelle, aber ausgebeutete menschliche Arbeitszeit, das heißt: auch eine Chiffre für Leben und Tod.

Die Agave,
grüne Lektion in Geometrie
auf weißer, ockerner Erde.
Landwirtschaft, Handel, Industrie, Sprache.
Eine Dauerpflanze ist sie, eine Faser,
eine Aktie an der Börse und ein Zeichen:
Die menschliche Zeit,
Zeit, die sich akkumuliert,
Zeit, die sich verschwendet.

Aber in beiden Chiffren sah er auch die utopische Möglichkeit einer glücklichen Zukunft, die den Kräften des Todes trotzt.

Im Juni 1937 kehrt er von Mérida nach Mexiko-Stadt zurück und heiratet Elena Garro, die mehr als zwanzig Jahre später ihren Roman *Erinnerungen an die Zukunft* schreiben wird. Im Laufe der Zeit ist sie als Choreographin, Dramatikerin, Drehbuchautorin und Journalistin tätig. Sie haben eine gemeinsame Tochter, Helena, und lassen sich später schließlich scheiden. Bei ihrer Hochzeit war Elena noch keine achtzehn, Octavio dreiundzwanzig. Unmittelbar danach reisten sie nach Spanien, denn noch während seines Aufenthalts in Yucatán hatte Octavio Paz eine Einladung zu einem Kongreß antifaschistischer Intellektueller in Valencia erhalten.

Diese Reise war für die Entwicklung des Dichters von entscheidender Bedeutung; erneut, und diesmal noch drängender, erfuhr er die Erfordernisse der Geschichte. In der politischen Vorstellungswelt der Schriftsteller ist ein Großer Kongreß so etwas wie ein Großer Kreuzzug: die Begegnung von Schriftstellern aus der ganzen Welt, die für dieselbe Sache kämpfen. Ein Großer Kongreß beflügelt die kriegerische Phantasie, entzündet den Glauben und verlangt nach Einsatzbereitschaft. In den dreißiger Jahren wurden mehrere internationale Schriftstellerkongresse durchgeführt. Es brodelte damals in der Gesellschaft, es waren Jahre der Utopie, aber auch des Krieges. Eins der bemerkenswertesten Treffen war eben jenes in Valencia, mitten im spanischen Bürgerkrieg, das als II. Internationaler Schriftstellerkongreß zur Verteidigung der Kultur bekannt wurde. Der erste hatte zwei Jahre zuvor in Paris stattgefunden, und wie damals war der Faschismus der erklärte Feind. Ein wirklicherer und gefährlicherer Feind war in diesen Jahren nicht vorstellbar.

Gegen den Faschismus verteidigten die Schriftsteller die Kultur. Allerdings nicht die existierende, sondern die Neue Kultur, die in der Neuen Gesellschaft zu schmieden war, wie es gerade in der Sowjetunion, so dachten sie, unternommen wurde. Die Kongreßprotokolle von 1935 belegen, daß der Neue Mensch in aller Munde war. Unter Berufung auf beste Absichten und noch bessere Utopien verfolgten die Veranstalter jener Kongresse mehr oder weniger verschleierte Ziele. Das erste Ziel war, die Unterstützung der weltweit angesehensten Intellektuellen für die Sowjetunion sicherzustellen. Über die zwielichtigen Manöver hinter den Kulissen jener Kongresse ist kaum etwas geschrieben worden. In seinen überraschenden *Autobiographischen Schriften* verrät uns Arthur Koestler jedoch, wer jene Kreuzzüge organisierte, finanzierte und seinen propagandistischen Vorteil daraus zog. Koestler, damals eifriger kommunistischer Aktivist, arbeitete in Paris als Angestellter eines Büros, das mit getarnten Aktionen moralische und finanzielle Unterstützung zugunsten der Sowjetunion beschaffte. Der Chef dieses Büros, Willi Münzenberg, wird von Koestler beschrieben als der unsichtbare Mann, der alles bis ins letzte arrangierte, so daß die Schriftsteller ihre Kampagnen in Angriff nehmen konnten. Aragon, Éluard, Moussinac, Rolland und Ehrenburg arbeiteten für ihn. Ruth Fischer, unermüdliche kommunistische Aktivistin jener Zeit, schrieb Jahre später: »Der Erfolg, mit dem in diesen Jahren die kommunistische Parteilinie unter Sozialdemokraten und Liberalen propagiert wurde (...), die Tausende von Malern, Schriftstellern, Ärzten, Rechtsanwälten und

Sängern, die ein Potpourri der Generallinie anstimmten – all das hat seinen Ursprung in Willy Münzenbergs ›Internationaler Arbeiterhilfe‹.«

Einige, wie Aragon in Frankreich und Bergamín in Spanien, hätten für Münzenberg die Hand ins Feuer gelegt. Dahinter stand die Masse der Schriftsteller mit gereckter linker Faust und unerschütterlichem Köhlerglauben. Es ist nicht verwunderlich, daß auf dem ersten Kongreß, 1935 in Paris, der Fall des Victor Serge, den man unter der schweren Anschuldigung, »Trotzkist« zu sein, nach Sibirien deportiert hatte, von den Veranstaltern strategisch und mit Gewalt heruntergespielt wurde. Und ebensowenig verwundert es, daß auf dem Kongreß in Spanien, eben jenem, an dem Octavio Paz teilnahm, André Gide sich eine scharfe Verurteilung einhandelte, weil er es gewagt hatte, seine bittere Schilderung dessen, was er ein Jahr zuvor in der Sowjetunion gesehen und erlebt hatte, zu veröffentlichen.

Neben dem politischen Reiz, den dieser Kongreß ausübte, war die Einladung für Octavio Paz insofern von großer Bedeutung, als an diesem Treffen viele der wichtigsten Schriftsteller aus aller Welt teilnahmen. Aus Mexiko reisten vornehmlich Künstler an, die Mitglied der Kommunistischen Partei und insbesondere der Liga der Revolutionären Schriftsteller und Künstler (LEAR) waren, welcher Octavio Paz nicht angehörte, da er ihre orthodoxe Ästhetik nicht akzeptieren konnte: den »sozialistischen Realismus«, die »proletarische Kunst« etc.

Nur zwei mexikanische Dichter, die zwar mit dem Kommunismus sympathisierten, aber nicht in der Partei organisiert waren, wurden eingeladen: Carlos Pellicer und Octavio Paz. Unter den Kongreßveranstaltern waren Rafael Alberti und Pablo Neruda. Der erste kannte Paz persönlich; der zweite hatte *Raíz del hombre* gelesen und war, wie er selbst in seinen Memoiren (*Ich bekenne, ich habe gelebt*) erzählt, einer der ersten, die voller Begeisterung die Qualitäten des jungen, damals noch unbekannten mexikanischen Dichters erkannten.

Zunächst in Paris, dann in Spanien traf Octavio Paz mit Schriftstellern zusammen, die in seinem Alter kennenzulernen er sich nicht hätte träumen lassen: Neruda selbst, Louis Aragon, César Vallejo, André Malraux, Stephen Spender, Jorge Guillén, Julien Benda, Tristan Tzara, Vicente Huidobro, Miguel Hernández, Luis Cernuda etc. In Valencia freundete er sich mit den jungen spanischen Dichtern an, die die Zeitschrift *Hora de España* herausgaben und später nach Mexiko ins Exil gehen sollten. Die Erfahrungen dieser ersten Begegnung mit Europa waren in vielerlei Hinsicht bestimmend für seinen weiteren Lebensweg.

Präsentiert von dem spanischen Dichter und Verleger Manuel Altolaguirre, veröffentlichte er in Valencia eine neue Gedichtsammlung unter dem Titel *Bajo tu clara sombra y otros poemas sobre España* (In deinem klaren Schatten und andere Gedichte über Spanien, 1937). In Spanien kamen ihm jedoch erstmals auch politische Bedenken, die auf Dauer dazu führen sollten, daß er seinen »engagiertesten« Kameraden entgegentrat und die Notwendigkeit schriftstellerischer Unabhängigkeit verfocht.

Der Fall Gide ist heute noch ein Beispiel für die Intoleranz jener Zeit. In einem Interview, in dem er sich unlängst zu diesem Kongreß äußerte, sagte Paz: »Gide gegenüber herrschte eine Stimmung, die von großem Druck und Mißbilligung geprägt war. Es kam zu mehreren vertraulichen Sitzungen mit den Mitgliedern der lateinamerikanischen Delegationen, auf denen Gides Buch diskutiert wurde, die darin geäußerte Haltung und die Notwendigkeit, es zu ächten. Man schlug vor, eine verurteilende Erklärung abzufassen, unterzeichnet von allen lateinamerikanischen Delegierten, und es kam zu einer Abstimmung, um das Einverständnis aller zu erzielen. Bei dieser Gelegenheit verteidigte Carlos Pellicer das Recht André Gides, anders zu denken und seiner Meinung Ausdruck zu verleihen. Als bei der Schlußabstimmung Gides Ächtung beschlossen wurde, gab es nur zwei Enthaltungen: die von Pellicer und meine; letztlich wurde diese Verurteilung aber niemals geschrieben, denn auf der öffentlichen Sitzung am Nachmittag hielt José Bergamín eine so vehemente Rede gegen Gide, daß nach Ansicht der verschiedenen Delegierten eine weitere Verurteilung nicht mehr vonnöten war.«

Der spanische Schriftsteller Ricardo Muñoz Suay schrieb in einem Brief: »Ich erinnere mich, daß ich damals, im Sommer 1937 in Valencia, wenn ich mit den Schriftstellern zusammenstand und mit ihnen eine Weile plauderte, mich gleich zu Octavio Paz hingezogen fühlte (der eher in meinem Alter war), aber auf der Stelle flüsterte irgendein mit allen Vollmachten eines ›Kommissars‹ ausgestatteter Freund mir zu, ich solle mich ›vor diesem Mexikaner in acht nehmen, der mit dem Trotzkismus liebäugelt‹. 1937 war ich ein neunzehnjähriger Bursche, aber aktiver Kämpfer und sogar Studentenführer der Spanischen Kommunistischen Partei, und demzufolge sehr aufgeschlossen für die damalige Welt der Intellektuellen. ›Gides Verrat‹ hatte, wie ich mich erinnere, eine nachhaltige Wirkung auf uns. Er war nicht einfach ein Renegat wie so viele andere. Gide genoß moralisches Ansehen, über seine Geltung als Intellektueller hinaus, die bis dahin niemand in Zweifel gezogen hatte. (...) Andererseits gestatteten mir meine herzliche Freundschaft mit Bergamín und meine Bewunderung für Malraux, mit dem ich auch persönlich bekannt war, kaum Zweifel, daß diese Offensive gegen Gide gerechtfertigt war, bei der man sich auch des wunderbaren Paul Nizan entledigte, dem noch bei seinem Tod der Geruch des Verrats anhing und den ich flüchtig bei *Ce Soir* kennengelernt hatte. In manchen Bereichen unserer Gesellschaft wollen sich viele, die guten Glaubens ›pazifistische‹ Kämpfer sind, immer noch nicht die Binde von den Augen nehmen, aber niemand wird mich vergessen machen können, welche Beweggründe diese Männer hatten, die wie damals Gide und heute Octavio Paz und andere versuchen, sich ohne Wenn und Aber mit der Geschichte auseinanderzusetzen.«

Für kurze Zeit erlebte Paz die Wirklichkeit eines Volkes im Bürgerkrieg, eine Wirklichkeit, die weit entfernt war von dem

Bild, das seine eigenen Gedichte von diesem Krieg zeichneten, was eine weitere, schmerzlichere Lehre für ihn war. Er kehrte mit der Überzeugung aus Spanien zurück, daß es gewiß in der Welt Gründe gab, für die es sich zu kämpfen lohnte, im Gegensatz zur Auffassung seiner Freunde, der Dichter der älteren Generation aus dem Kreis um *Contemporáneos,* insbesondere Villaurrutia. Aber die Frage, die ihm bereits vor seiner Reise nach Spanien keine Ruhe gelassen hatte, wurde noch drängender: Wie soll eine Dichtung beschaffen sein, die der Geschichte nicht den Rücken kehrt, eine Dichtung, die keine »poesía pura« und doch Dichtung ist, will sagen, die nicht von den ästhetischen Dogmen der Zeit eingeschränkt wird? Seine dichterische und herausgeberische Tätigkeit in den kommenden Jahren sollte eine erste Antwort auf diese Frage sein. Und so wie er suchten auch andere Vertreter seiner Generation nach einer Antwort.

Von 1938 bis 1941 war die Zeitschrift *Taller* der Ort, wo diese neue Unruhe, die zugleich eine neue Sensibilität war, sich bündelte und äußern konnte. Sie erschien in insgesamt zwölf Ausgaben, bei denen die herausgeberische Mitwirkung von Octavio Paz, neben dem Gründer Rafael Solana, Efraín Huerta und Alberto Quintero Álvarez, von entscheidender Bedeutung war.

Ein kurzer Aufsatz von Paz, »Razón de ser« (Raison d'être), brachte bereits in der zweiten Ausgabe auf den Punkt, worin sie sich von der älteren, der Generation der *Contemporáneos* unterschieden und was sie miteinander gemein hatten. Bei den Älteren dominierte eine Vorstellung von reiner poetischer Strenge, wie etwa bei Paul Valéry oder Juan Ramón Jiménez. In seinem Manifest würdigte Paz den künstlerischen Wert seiner Vorgänger und ihre schöpferische Assimilation der gesamten Moderne, die Paz selbst und die Dichter um *Taller* geerbt hatten, aber er beklagte den Mangel an Hoffnung in ihren künstlerischen Erneuerungsbemühungen. Die Skepsis der Mitglieder von *Contemporáneos* ist erklärlich: sie waren die erste Schriftstellergeneration nach der Mexikanischen Revolution; sie konnten nicht mehr daran glauben, daß Gewalt zu einer utopischen Verbesserung der Lebensumstände führte. Die neue Generation aber glaubte daran. »Sie sind die Nachkriegsgeneration«, bekräftigte Octavio Paz, »wir stehen vor dem nächsten großen Blutbad, sie haben es schon hinter sich.«

Jahrzehnte später sollte er in seinem Essay »Antevíspera« (Der Tag vor dem Vorabend) schreiben: »Auch wenn es unmöglich ist, in einem Satz zusammenzufassen, was uns von unseren Vorgängern trennte, so scheint mir, daß der große Unterschied darin bestand, daß unser Bewußtsein von der Zeit, die wir durchlebten, lebendiger war und, wenn schon nicht klarer, so doch tiefer und umfassender. Die Zeit stellte uns eine Frage, auf die wir antworten mußten, wenn wir nicht unser Gesicht und unsere Seele verlieren wollten. Unser Platz in der Geschichte machte uns beklommen.«

In der Lyrik dieser Generation, insbesondere in der von Octavio Paz, nahm diese Antwort eine immer konkretere, wenngleich nicht weniger abwechslungsreiche Gestalt an: Aus dem Motiv der modernen Stadt voller Trümmer und Versprechen erwuchs eine Dichtung, die auf die Geschichte reagierte und zugleich Teil von ihr war. In der lyrischen Landschaft Mexikos und Lateinamerikas war ein neuer Raum gewonnen worden, der sich mit der Zeit nurmehr ausweiten sollte.

Ein paar Jahre später erkannte Octavio Paz, daß es in anderen Ländern bereits zwei Antworten auf die Frage nach der glücklichen Vermählung von Dichtung und Geschichte gab. Da war zum einen der Surrealismus mit seiner Kombination aus Rebellions- und Ausdruckskraft, zum anderen die eigenwillige Lösung von T. S. Eliot und Ezra Pound, welche in ihre Gedichte sowohl historische als auch prosaische Elemente einbrachten und diese so poetisierten. Beide Antworten wurden zu wichtigen Auswegen, zu Erfahrungen, die Paz' Werk bereicherten.

Nicht minder beeinflußt wurde sein poetisches und essayistisches Werk durch seine stetig erweiterte Sicht der bildenden Kunst. Auf seiner Europareise hatte er die wichtigsten Museen von Paris und Madrid besucht. In Frankreich sah er sowohl klassische als auch avantgardistische Werke. Nach seiner Rückkehr durchschaute er die ideologische Rhetorik der Muralisten, die er während seiner Schulzeit tagtäglich in den Fresken der Escuela Nacional Preparatoria einfach nur bewundert hatte. Es ist kein Zufall, daß der Dichter, der seine neue Poetik auf die eigene Situation in der Stadt gründen wollte, sich durch die Beschäftigung mit der Ästhetik der Stadt und die Entdeckung des künstlerischen und historischen Reichtums in ihrem alten Zentrum mit der bildenden Kunst vertraut gemacht hatte. 1939 schreibt er seinen ersten Aufsatz hierüber: »Isla de Gracia« (Insel der Gnade), der sich mit der Kunst auf Kreta befaßt; 1941 folgt ein längerer Aufsatz über den Maler Juan Soriano, und im Jahr darauf ein weiterer über José María Velasco. In diesen Texten besticht die Ausdruckskraft, die Verknüpfung mit seiner Poetik-Konzeption, die er entwickelt, und vor allem der – auch in seinen literarischen Essays sichtbare – Wille, seinen Blick zu einer Sehweise, einer Vision zu machen. Schließlich ist die Vision, wie er selbst erläutert, »nicht nur das, was wir sehen. Sie ist eine Position, eine Idee, eine Geometrie: ein Gesichtspunkt im doppelten Sinne des Wortes«.

In dem kurzen Essay über Kreta zeigt sich bereits seine Suche nach neuen formalen und konzeptuellen Horizonten; in dem Essay über Soriano wird die poetische Verwandtschaft mit einem Werk und einem Maler deutlich, die ihn faszinieren; in dem Essay über Velasco beginnt er, eine Philosophie der Formen in der Malerei zu skizzieren, und darüber hinaus zieht er eine Parallele zwischen dem Werk Velascos und den Landschaften in der Dichtung Manuel José Othóns. In seiner letzten Kunstkritik, die er schreibt, bevor er im November 1943 Mexiko für viele Jahre verläßt, bespricht er das Werk Jesús Guerrero Galváns und kritisiert die damals gültige Klassifizierung in der mexikanischen Malerei. Bereits in diesem Text erweist er sich als leidenschaftlicher Kenner der mexikanischen Kunst und zeigt die bittere Notwendigkeit auf, ein Kunstverständnis zu korrigieren, das er als Mißverständnis betrachtet.

Offenkundig in Octavio Paz' Frühwerk ist der Wunsch – bei ihm könnte man auch genausogut sagen: die feste Absicht –, seinen Platz in der Tradition der spanischsprachigen Lyrik einzunehmen und diese gleichzeitig zu sprengen. Unbeirrbar trachtete er danach, aufzudecken, wie – unter welcher neuen Maske, im Gewand welcher neuen Metamorphose – sich das tiefe, vielfältige Schicksal der Menschen seiner Zeit äußerte, denn in der Lyrik seiner Vorgänger war dies für ihn nicht erkennbar. In einem der *Gespräche*, die 1984 für das mexikanische Fernsehen aufgezeichnet wurden, sagt Paz: »Für uns nimmt das Schicksal die Gestalt der Geschichte an. (...) Nie zuvor hatte sich das Schicksal der Menschen, die Tatsache, daß wir sterblich sind, daß wir sterben werden, daß wir fähig sind zu lieben, daß wir geboren werden, daß wir arbeiten, daß wir überhaupt etwas tun, als historischer Konflikt dargestellt. Und dieser liegt im Wesen der Stadt des 20. Jahrhunderts. Das war es, was ich in der Dichtung meiner Lehrer nicht gefunden habe und was ich schreiben wollte.«

Ab der fünften Ausgabe von *Taller* wurde Octavio Paz zum Herausgeber der Zeitschrift ernannt, und mehrere junge spanische Exilanten, die er aus Valencia kannte, traten in die Redaktion ein: Juan Gil-Albert, Ramón Gaya, Antonio Sánchez Barbudo, Lorenzo Varela, José Herrera Petere. Man brachte noch weitere sieben Ausgaben heraus, dann wurde die Zeitschrift eingestellt. Paz' Auseinandersetzungen mit den »engagierten« Schriftstellern wurden immer heftiger. Trotzki wurde in jenen Tagen ermordet, der Hitler-Stalin-Pakt veranlaßte ihn, sich von seinen kommunistischen Freunden zu distanzieren. Er lernte Victor Serge kennen, Jean Malaquais, Benjamin Péret, allesamt links von der Linken angesiedelt, alles Dissidenten des offiziellen Kommunismus und des stalinistischen Rußland, und sie gaben seiner Vorstellung von politischer Kritik eine neue Richtung.

Mitte des Jahres 1942 veröffentlichte Paz seinen dritten Gedichtband, *A la orilla del mundo* (Am Ufer der Welt), worin er den neuen Gedichten auch ein paar ältere hinzufügte. Nach einem Motto Quevedos: »Nichts öffnet mir die Augen, die Welt hat mich verhext«, erkundet er die subtilen Grenzen zwischen dem Wachen und dem besonderen Träumen der Sinne, das er in diesem Band mit der dichterischen Erfahrung gleichsetzt.

> Wir schlafen auf Schutt,
> allein zwischen Trümmern und Träumen.
> Nah bei mir dein Körper,
> die dichte Gewißheit deiner Beine,
> deine Haut und dein Geheimnis,
> der glaszarte Puls des Lebens,
> der des Nachts nicht anhält,
> die biegsamen Sprosse der Träume.
> (...)
> Bis in mein Blut kommst du; in meinen Augen
> erblickst du dich und berührst du dich; du bleibst in mir,
> bist Ruhe und Wort, stetes Staunen,
> angehalten mitten in dir selbst.
> Du erkennst dich in mir und in mir erdenkst du dich,
> und ich erinnre mich in deinem schlafenden Sein,
> Pulsschlag nur, blinde Blüte, Strauch,
> Erde, die verschmilzt in Erde.

Der Poesie, die ebenso wie die Wörter eine wiederkehrende Figur in seinem Werk ist, widmet er das letzte Gedicht des Bandes, in dem er bezeichnenderweise zu ihr sagt:

> Du schleichst dich an, lautlos, bewaffnet,
> wie Krieger vor der Stadt im Schlaf;

versengst mit deinen Lippen meine Zunge, Krake,
und entfachst den Wahn, die Wonnen,
und diese Angst, unendlich,
die entflammt, was sie berührt,
und in jedem Ding
dunkle Begier erzeugt.

(...)
Du bist nur Traum,
doch in dir träumt die Welt,
und ihr Schweigen spricht mit deinen Wörtern.

In diesem Gedicht erkennt Paz die eigenen Grenzen angesichts einer übermächtigen Berufung an und entwirft zugleich seine Poetik.

Im April 1943 wirkte er bei der Gründung der von Octavio G. Barreda herausgegebenen Zeitschrift *El Hijo Pródigo* mit. Im August desselben Jahres veröffentlicht er dort einen neuen Essay, den man als Manifest bezeichnen kann, »Poesía de soledad y poesía de comunión« (Dichtung der Einsamkeit und Dichtung als Kommunion), worin er unter anderem davon spricht, daß der moderne Dichter die Verpflichtung habe, nicht weiter außerhalb der Gesellschaft zu schreiben – die ihn nicht toleriert –, sondern in ihr und gegen sie. Der Dichter ist gefordert, kompromißlos Glaubwürdigkeit zu erlangen, »Bewußtsein und Unschuld zu vereinen, Erfahrung und Ausdruck, die Tat und das Wort, das sie offenbart.« Eine Sehnsucht, die den unerbittlich einsamen Menschen in der Masse der Stadt beschwört, die ihn mit ihrem Schweigen in Frage stellt. Aber auch eine Sehnsucht, in der sich bereits ein zukünftiger Berührungspunkt zwischen Paz und dem Surrealismus andeutet: eine vitale Kraft, die man beschreiben könnte als die geheimnisvolle Vereinigung des Bewußten mit der Unschuld, oder auch als das Wort, das zur Tat wird.

Gegen Ende des Jahres 1943 verließ Octavio Paz Mexiko, um erst zehn Jahre später zurückzukehren. Er erhielt ein Stipendium der Guggenheim-Stiftung, und zwei Jahre darauf trat er in den diplomatischen Dienst ein. Vor dem Stipendium verdiente er sich seinen Lebensunterhalt auf verschiedenste Weise, einmal auch mit einer Arbeit für den mexikanischen Film. Das Ergebnis war kurios: 1943 schrieb Octavio Paz ein Lied für den mexikanischen Volkssänger Jorge Negrete. Sein Freund Jean Malaquais arbeitete an der Adaptation eines Themas von Puschkin für eine mexikanische Produktion unter der Regie von Jaime Salvador, mit Jorge Negrete und María Elena Marqués in den Hauptrollen. Der neunundzwanzigjährige Dichter, der die spanischen Dialoge des Franzosen Malaquais korrigieren sollte, schrieb am Ende ein Lied. Darin finden sich Anklänge an seine im Jahr zuvor veröffentlichte Sammlung *A la orilla del mundo*.

Ich schau dich an mit meinen Augen,
wenn ich sie schließe, seh ich dich,
ich halt dich fest in meiner Brust,
von meinen Seufzern eng umschlossen.

Niemals nennen meine Lippen dich,
der Schlag des Pulses ist dein Name,
und seine Silben sind das Blut,
wenn es aus meinem Herzen bricht.

In der Nacht schläft alles tief,
nur ich allein lieg schlafend wach,
denn um dich zu spüren
neben mir für alle Zeit,
schließe ich die Augen nicht.

Meine Hände streicheln dich,
und meine Lippen, ach, die küssen,
doch immer, immerzu,
bei Tage und des Nachts,
bleiben die Gedanken wach.

Gestern sang ich Wörter noch,
doch Wörter, die sind Wolken,
hinfortgeweht vom Wind,
heut ist es mein Herz, das singt

Der Film hieß *El rebelde* oder *Romance de antaño*. Obwohl als Entstehungsjahr 1943 angegeben ist, wurde er erst im Februar des folgenden Jahres fertig gedreht und aufgeführt. Octavio Paz bekam ihn nie zu sehen, denn zu diesem Zeitpunkt hielt er sich bereits in den USA auf. Vielleicht gäbe es, wenn er geblieben wäre, im mexikanischen Film mehr Beiträge von ihm. Seine Freunde Efraín Huerta und José Revueltas arbeiteten, wie zahlreiche andere mexikanische Schriftsteller auch, häufig für die heimische Filmindustrie, die damals ihre goldenen Jahre erlebte.

Als Octavio Paz das Land verläßt, ist ein Abschnitt seines Lebens beendet, der erste Kreis seines Schicksals schließt sich: ohne Zweifel ist der Dichter hervorgetreten. Aber er ist auch bereits ein bedeutender Essayist, was eine Auswahl seiner frühen Prosatexte, *Primeras Letras (1931-1943)*, 1988 von Enrico Mario Santí zusammengestellt, eindeutig beweist. Der Band, der durch thematische Vielfalt und eine leidenschaftliche Prosa besticht, enthält literarische und philosophische Essays, poetische Prosatexte, Buchbesprechungen und Schilderungen von Lebenssituationen; es ist ein Buch voller eigenwilliger Tiefe. Genau so ließe sich auch sein schöpferischer Impuls in jenen Jahren beschreiben. Es ist geradezu das Buch eines Philosophen, der mit der Sprache die ehrfurchtgebietenden Waffen der Schöpfung in Händen hält. Und diese frühen Schriften, ein halbes Jahrhundert alt, zeigen auch, daß in dem jungen Mann ein Dichter-Denker steckt, der beharrlich seinen Weg sucht in seinen Büchern, seinen Wörtern, seinen Ideen, seinen Traum- und Wachzuständen, seinen Kämpfen und Erfolgen. Seine Reise in die Welt wird ihm Gelegenheit zu einem neuen Anfang geben.

Zweiter Kreis
Ein neuer Anfang
1944-1958

1. Erste Vision des Labyrinths

Aus manchen Reisen wird eine Initiation, eine Erkundung der Mannigfaltigkeit der Welt, ein Schritt ins Unbekannte, eine Begegnung mit dem, was die Grenzen unseres Geistes überschreitet. Mit der notwendigen Bereitschaft zu reisen, kann auch heißen, sich dem Mysterium und der Verführungskraft einer anderen Wirklichkeit zu öffnen. Die Reise, die Octavio Paz mit neunundzwanzig Jahren antrat, hatte viel von einem symbolischen Aufbruch, einem Initiationsritus, einem Neubeginn. In gewisser Weise wurde der Dichter noch einmal geboren, denn sein Werk nahm deutlich eine andere Richtung.

Ende 1943 verließ er Mexiko und ging in die Vereinigten Staaten. Es war nicht das erste Mal. Als Kind hatte er in Los Angeles gelebt, wo sein Vater im Exil war. Und auf seiner Reise nach Spanien, sechs Jahre zuvor, war er kurz durch New York gekommen. Aber diesmal verspürte er, stärker noch als die beiden anderen Male, »ein geistiges Beben«, wie er selbst es ausdrückte. Er wurde nicht nur allmählich mit einem fremden Land vertraut, sein dortiger Aufenthalt erlaubte ihm vielmehr, sein eigenes Land mit anderen Augen zu sehen.

Auf seiner langen Busreise durchquerte er die Wüste und blieb ein paar Tage in Los Angeles. Die Vereinigten Staaten befanden sich im Krieg, was eine fiebrige, alles und alle ansteckende Atmosphäre von Heldentum schuf. In den Fabriken und Werkstätten, auf den Werften, überall wurde gearbeitet, um den Krieg zu gewinnen, und natürlich beherrschten uniformierte Männer und Frauen das Straßenbild. Es war nicht einfach, Essen oder eine Unterkunft zu bekommen, alles war knapp. Was aber besonders seine Aufmerksamkeit erregte, war die starke, einzigartige Präsenz des »Mexikanischen«. Jahre später schrieb er in *Das Labyrinth der Einsamkeit* (*El laberinto de la soledad*): »Zu Anfang meines Aufenthaltes in den USA wohnte ich eine Zeitlang in Los

Angeles, einer Stadt, in der mehr als eine Million Menschen mexikanischer Herkunft leben. Den Reisenden überrascht dort – neben der Reinheit des Himmels und der Häßlichkeit verstreuter protziger Bauten – auf den ersten Blick die fast mexikanisch anmutende Atmosphäre der Stadt, die man unmöglich in Worten ausdrücken kann. Soviel Mexikanität – Vorliebe für Schmuck, Sorglosigkeit, Nachlässigkeit, Prachtliebe, Leidenschaft und Zurückhaltung – schwebt in der Luft! Ich sage ausdrücklich, sie *schwebt,* denn sie vermischt und verbindet sich nicht mit der anderen Welt, der Nordamerikas, die aus Präzision und Effizienz gemacht ist. Sie schwebt, stellt sich nicht entgegen, schwankt, vom Winde getrieben, manchmal wie eine Rakete steil aufsteigend, zuweilen wie eine Wolke, die zerrissen dahinzieht, sich faltet, sich ausdehnt, sich zusammenzieht, die, schlafend oder träumend, wie eine zerlumpte Schönheit, die vorbeigleitet, keine feste Gestalt annimmt, aber auch nicht ganz verschwindet.«

Dort gab es Banden sonderbarer Jugendlicher, der *Pachucos,* überwiegend mexikanischer Herkunft, die mit der Kleidung ihre Besonderheit unterstreichen wollten. Paz erlebte die Polizeirazzien mit, überhaupt die Verfolgung der *Pachucos.* Für ihn waren sie »Rebellen aus Instinkt«, und in einem Teil des ersten Kapitels von *Das Labyrinth der Einsamkeit* – »Der *Pachuco* und andere Extreme« – befaßt er sich mit ihnen. Zweifellos ermöglichte die Erfahrung jenes Eintauchens in das nordamerikanische Leben ihm Jahre später, in Paris, dieses Buch zu schreiben. »Es waren wunderbare Jahre: Das Land glaubte an sich selbst, und es glaubte an die anderen. Auch für mich waren diese Jahre anregend. In meinen Gedichten gab es einen Wandel, vor allem aber: ich lebte mit dem nordamerikanischen Volk zusammen. Ich sah es voller Bewunderung, Neid, Liebe, manchmal auch voller Entsetzen. Vom anderen Ufer aus sah ich mich selbst und Mexiko. Ich tat einen Blick auf das Unbekannte, das ein jeder in sich trägt.«

Von Los Angeles ging er nach San Francisco und ließ sich

in Berkeley nieder, wo er sich mit der modernen englischen und nordamerikanischen Lyrik vertraut machte. Seine Vorstellungen von Poesie wandelten sich. Er ging unbefangener mit der freien Versform um, und von nun an bekamen seine Gedichte einen anderen Charakter. Dank Henríquez Ureña entdeckte er, daß es den unregelmäßigen Versbau bereits in der spanischen Dichtung des Mittelalters gegeben hatte; so ließ sich die moderne Lyrik also auch als ein Zurück zur ältesten Tradition seiner Sprache begreifen. Er studierte eingehend Walt Whitman, W. B. Yeats, William Blake, Ezra Pound, Wallace Stevens, William Carlos Williams, E. E. Cummings und T. S. Eliot, welcher ihn mehr als alle anderen entscheidend prägte. Aus Eliots Gedichten lernte der junge Paz, daß die Gegenwart von der Vergangenheit erfüllt ist, daß Modernität und Tradition in einem Werk zusammenfließen können. In seinen eigenen Gedichten erschienen nun Elemente, die für ihn bisher als unvereinbar gegolten hatten, wie Umgangssprache kombiniert mit geschliffenen poetischen Figuren. Ein Beispiel ist sein Gedicht »Conscriptos U.S.A.« (»Rekruten USA«), wo ein Dialog in einer Bar mit traditionelleren poetischen Bildern abwechselt:

(...)
»Sie haben uns in den Bau gesperrt.
Dem Gefreiten hab ich die Hölle heiß gemacht.
Kurz drauf dann der Schlauch mit kaltem Wasser.
Die Sachen haben wir zitternd ausgezogen.
Viel später bekamen wir endlich Bettzeug.«
(Im Herbst lassen die Bäume am Fluß
ihre gelben Blätter fallen
auf den Rücken des Wassers.
Und die Sonne auf der Strömung
ist eine langsame Hand, sie streichelt
eine bebende Kehle.)
»Nach einem Monat hab ich sie gesehn. Zuerst im Kino, dann beim Tanzen. Wir haben was getrunken,

uns an der Ecke geküßt...«
(Die Sonne, die roten Wüstenfelsen
und ein erotisches Gezischel: Schlangen.
Dieses kalte Lieben auf dem Lavabett...)

Auf eine etwas ausgearbeitetere Weise, in traditionelleren Bildern, spricht in dem Gedicht »Seven P. M.« die Stimme eines Gespenstes von innen heraus zu einer Person, die durch die Stadt geht. Das Poetische durchdringt auch die umgangssprachlichen Sätze:

In Reih und Glied gehen wir heimwärts,
und jeden Abend, jeden Abend,
während wir den Weg hinter uns bringen,
die kurze Hölle der Erwartung
und das Gespenst, das ins Ohr träuft:
»Hast du kein Blut mehr? Was belügst du dich?
Schau die Vögel...
Die Welt hat noch Ufer,
und ein Boot erwartet dich drüben, immer.«

Und die Beine gehen, gehen,
und eine rote Brandung
überflutet Ufer aus Asche.

»Schön ist das Blut,
wenn es aus gewissen weißen Hälsen springt.
Bade dich in diesem Blut:
das Verbrechen macht Götter.«

Und der Mensch beschleunigt seinen Schritt
und blickt auf die Uhr: noch reicht die Zeit
bis zur Straßenbahn.
(...)

Etwa ein Jahr lang war Octavio Paz Stipendiat der Guggenheim-Stiftung. Danach, im Frühjahr 1945, verfolgte er in San Francisco als Korrespondent der Zeitschrift *Mañana* die internationale Konferenz, die zur Unterzeichnung der Charta der Vereinten Nationen führte, um bald darauf nach New York zu ziehen. Nach einem vergeblichen Versuch, bei der Handelsmarine anzuheuern, ging er zu Luis Buñuel, der damals, bevor er sich in Mexiko niederließ, in den USA lebte, und bat um Arbeit; aber der surrealistische Filmregisseur befand sich in keiner viel besseren Lage als er selbst. Neben zahlreichen anderen Arbeiten wirkte er schließlich bei der spanischen Synchronisation nordamerikanischer Filme mit. Außerdem war er Gastdozent am Middlebury College in Vermont, wo er den Dichter Robert Frost kennenlernte.

Im August des gleichen Jahres war der mexikanische Dichter José Tablada in New York gestorben. Auf Bitte der Universität von Columbia studierte er dessen Werk und schrieb, zum Vortrag bei einer öffentlichen Ehrung, den ersten modernen Essay über diesen Autor, der in Mexiko keine besondere Wertschätzung genoß. Alfonso Reyes und Xavier Villaurrutia zum Beispiel sahen auf ihn herab, und dieser Essay, »Estela para José Juan Tablada« (Gedenkstein für José Juan Tablada), war der Beginn seiner Aufwertung. Mehr als einmal sollte Octavio Paz von nun an die Literaturgeschichte Mexikos und ihre Werte auf den Kopf stellen und unsere moderne Kultur mitgestalten.

Zugleich beeinflußte Tablada Paz' poetisches Werk nachhaltig. Dank Tablada erwachte in Paz außerdem eine Neugier, die später zur Leidenschaft wurde, zu einer Leidenschaft für die fernöstlichen Literaturen und Kulturen. Im Unterschied zu denjenigen, die in Tablada einen allzu abgehobenen Autor sahen, entdeckt Paz in ihm eine Ermunterung zum Leben, zum Abenteuer und zum Reisen. Bezeichnenderweise schließt der mexikanische Dichter in New York seine Hommage mit folgenden Worten: »[Tablada] ermuntert uns, die Augen offen zu halten, zu lernen, die Heimatstadt zu verlassen und den Vers, der zu einer schlechten Angewohnheit geworden ist; er ermuntert uns, auf die Suche nach neuen Horizonten, einer neuen Liebe zu gehen. Alles, so sagt er uns, ist im Fluß auf sich selbst zu. Und um zu uns selbst zurückzukehren, das wissen wir bereits, müssen wir aufbrechen, etwas riskieren.« Indem er über Tablada sprach, beschrieb Paz sein eigenes Bedürfnis nach Aufbruch, und damit letztendlich seinen eigenen künftigen Kurs.

2. *Die Früchte der Reife*

1945 schlug ihm ein Freund seines Vaters vor, in den diplomatischen Dienst einzutreten, wo er die folgenden dreiundzwanzig Jahre seines Lebens verbringen sollte. Dank José Gorostiza, der im Außenministerium arbeitete, wurde Paz an die mexikanische Botschaft in Paris entsandt. Mit einem bescheidenen Posten begann er dort seine gemächliche diplomatische Karriere. Vor allem aber war Paris für Paz ein äußerst stimulierendes kulturelles Umfeld. Bei seiner Ankunft hatte er noch die damals weit verbreitete Illusion gehegt, das Europa der Nachkriegszeit würde in Gestalt einer neuen, eindeutig sozialistisch ausgerichteten Gesellschaft wie ein Phönix aus der Asche steigen. Aber bald schon wurde ihm klar, wie illusorisch diese Vorstellung war. Die hitzig geführten Polemiken jener Jahre interessierten ihn besonders: Camus, Breton, Sartre, Rousset, Aron, Merleau-Ponty diskutierten die Zukunft des in zwei große Blöcke gespaltenen Europas. In diesem Gespinst militanter Argumentationen war ein junger Grieche »der Turmwächter: Er hat eher und klarer gesehen als fast alle von uns«, wie Lucien Goldmann einmal zu Octavio Paz sagte. Dieser Grieche, einer seiner Freunde in jenen Tagen, war der damals im französischen Exil lebende Philosoph und Historiker Kostas Papaioannou (1925-1981). Niemand war besser geeignet als dieser hellsichtige, gelehrte Marxologe, sich ein Bild zu verschaffen von der Wirklichkeit der sozialistischen Länder und ihren Konzentrationslagern der Nachkriegsjahre; aber auch, um sich mit der antiken griechischen Kultur, mit byzantinischer Malerei oder zeitgenössischer Musik vertraut zu machen. Papaioannou wurde zu einem der wichtigsten Historiker und Kritiker des totalitären Systems. Mit Paz' Worten: »Wenn einer von den Menschen, mit denen ich verkehrt habe, den Namen Freund verdient, in der Bedeutung, welche die antiken Philosophen diesem Wort gaben, dann war dieser Mensch

Kostas.« Seine intellektuelle Ausstrahlung, mehr als sein direkter Einfluß, waren für Octavio Paz' Lebensweg von großer Bedeutung. In diesem Griechen, dessen Gelehrtheit nur Lachen und Scharfsinn kannte, sah Paz Tag für Tag bestätigt, was sich ihm bereits angedeutet hatte, als er Victor Serge und Jean Malaquais begegnete: daß die Leidenschaft auch hellsichtig sein kann, sein soll.

Der menschenfreundliche Menschenfresser (*El ogro filantrópico*), eine Auswahl von Artikeln und Essays zu Geschichte und Politik, die Paz Anfang 1979 zusammenstellte, war dem im November 1981 verstorbenen griechischen Philosophen gewidmet. Ihm zum Gedenken schrieb Octavio Paz das lange Gedicht »Kostas«:

> Dreißig war ich, kam aus Amerika und suchte in der Asche von 1946 das Ei des Phönix,
> du warst zwanzig, kamst aus Griechenland, von Aufstand und Gefängnis her,
> wir begegneten uns in einem Café voller Qualm, Lärm und Literatur,
> ein kleines Flackerfeuer der Begeisterung gegen die Kälte und die Not in diesem Februar,
> wir begegneten uns und sprachen von Zapata und seinem Pferd, von der verschleierten Demeter, dem schwarzen Stein, dem Stutenkopf,
> und bei der Erinnerung an die schöne Zauberin aus Thessalien, die Lukios in einen Esel und Philosophen verwandelte,
> übertönte die Kaskade deines Lachens den Lärm der Unterhaltungen und das Klingkling der Teelöffel in den Tassen,
> da war ein Gemecker von schwarzweißen Ziegen, die herdenweise in einem verbrannten Hügelland herumkletterten,
> (...)
> Kostas, in der kalten Asche Europas hab ich das Ei der

Auferstehung nicht gefunden:
   zu Füßen der grausamen, bluttriefenden Chimära aber
fand ich dein Lächeln der Versöhnung.

In Paris traf er auch Benjamin Péret wieder, und durch ihn wirkte er an verschiedenen Aktivitäten und Publikationen der Surrealisten mit. Im Laufe der Zeit freundete er sich mit André Breton an und entwickelte, wenn auch verspätet, eine echte, eine leidenschaftliche und dauerhafte Nähe zum Surrealismus. Viele Jahre später, in *Corriente alterna* (Wechselstrom), gestand er ein: »Oftmals schreibe ich, als hielte ich stille Zwiesprache mit Breton: Rede, Gegenrede, Übereinstimmung, Auseinandergehen der Meinungen, Hochachtung, alles zusammen.« Paz sah im Surrealismus nicht etwa eine ästhetische Schule oder eine Manier, sondern »einen verborgenen Brennpunkt poetischer Leidenschaft in unserer elenden Zeit«, eine Unterwanderung der Sensibilität, eine Bewegung zur radikalen Befreiung der Kunst, der Erotik, der Moral, der Politik etc. Das heißt vor allem: Leben als Abenteuer. Paz flocht Elemente surrealistischer Poetik in seine Gedichte ein, glaubte jedoch nicht an die *écriture automatique* als Methode und führte das Thema wieder ein. Das Thema war es nämlich, ein Stück gelebter und personalisierter Zeitgeschichte, bis hin zum alltäglichen Detail, dessen Einführung in das Gedicht Paz von Eliot und Pound gelernt hatte. Genau zu dieser Zeit, Ende der vierziger Jahre, gelangt Paz' lyrisches Werk zu seiner Reife; 1949 veröffentlicht er seine erste grundlegende Gedichtsammlung, *Libertad bajo palabra* (Freiheit auf Ehrenwort). Im Jahr darauf folgt sein Buch über das Wesen des Mexikaners, das bald zum Klassiker wird, *Das Labyrinth der Einsamkeit*, und ein Jahr später ein weiteres wichtiges Buch, geschrieben im Zeichen seiner neuen ästhetischen Weiterentwicklung, ein poetischer Prosatext, *Adler oder Sonne? (¿Aguila o sol?)*. In nur drei Jahren also drei wichtige Bücher in seinem Œuvre, in der Literatur seiner Sprache und der seines Landes.

Libertad bajo palabra zeigt auch eine neue Sicht auf seine frühere Lyrik, ist ein Neuschreiben angesichts neuer Anforderungen, ist vor allem aber radikale Neuerung: Der Band erweist sich insgesamt als ein avantgardistisches Werk – in einer Zeit, da die Avantgarde allenthalben auf dem Rückzug war, immer akademischer wurde –, jedoch im Sinne einer kritischen Avantgarde, die den engen Rahmen der Stereotype weit überschritten hat. Die Gedichte aus *Libertad bajo palabra* zeugen von einer neuen Lebenseinstellung, die Octavio Paz, ohne es zu wissen, mit anderen Autoren teilte, die zur selben Zeit in Lateinamerika schrieben. Bei José Lezama Lima, Enrique Molina, Emilio Adolfo Westphalen, Nicanor Parra, Álvaro Mutis, Gonzalo Rojas und anderen, die zu Beginn der fünfziger Jahre mit Paz zu Wegbereitern der zeitgenössischen hispanoamerikanischen Lyrik wurden, gibt es ein gemeinsames poetisches Merkmal, das er in *Die andere Zeit der Dichtung* (*Los hijos del limo*, 1974) beschreibt als eine Art, Sprache zu leben: »Es ging nicht mehr wie 1920 darum, zu erfinden, sondern zu erforschen. Das Gebiet, das diese Dichter lockte, war nicht außen und auch nicht innen. Es war dieser Bereich, wo Innen und Außen ineinander übergehen: der Bereich der Sprache. Ihre Sorge galt nicht der Ästhetik; für diese jungen Dichter war die Sprache Schicksal und Wahl zugleich. Eine Gegebenheit und etwas, das wir erschaffen. Etwas, das uns erschafft.«

In einem zentralen Gedicht des Bandes »Hymne zwischen Ruinen« (»Himno entre ruinas«) tritt eine neue künstlerische Form zutage, mit der Paz später noch weiter experimentiert: der *Simultanismus*. Mit Paz wurde dieses Verfahren, gleichzeitig zwei parallele Aktionen zu zeigen, zur neuen, selbstverständlichen Form der poetischen Moderne in unserer Sprache: er übertrug eine Errungenschaft, die Apollinaire und Cendrars für die französische und Pound und Eliot für die englischsprachige Lyrik entdeckt hatten, schöpferisch auf die eigene Sprache. 1960, 1967 und 1979 (in dem Band *Poemas 1935–1975*) wurde *Libertad bajo palabra* neu aufgelegt, jeweils mit weitgehenden Veränderungen, was schließlich einer Revision seines lyrischen Œuvres aus der Zeit zwischen 1935 und 1957 gleichkam.

Die erste Fassung von *Libertad bajo palabra* hieß *Todavía* (Dennoch); der Autor sah diese Gedichtsammlung als Beweis, als eine Bekräftigung, daß er immer noch Poet war, obwohl er seit 1942 keinen Band mehr veröffentlich hatte. Das Buch wurde von einem argentinischen Verlag, der zuvor bereits Nerudas Gedichtband *Aufenthalt auf Erden* verschmäht hatte, abgelehnt. Alfonso Reyes half ihm, das Buch Ende 1949 in Mexiko herauszubringen, wo es sofort große Anerkennung erfuhr. Der Titel ist eine Anspielung auf eine paradoxe Auffassung von Freiheit als etwas notwendig Bedingtem. Im griechischen Theater ist eine Voraussetzung für die Erfüllung des Schicksals die Freiheit der Figur. »Freiheit ist die Maske der Notwendigkeit«, hatte Paz dagegen schon 1935 geschrieben. Genauso muß die Freiheit der Dichtung zwischen präzisen und oftmals einengenden sprachlichen Formen fließen, um existieren zu können. Die Poesie ist, nicht anders als die menschliche Existenz, bedingte Freiheit, Freiheit auf Ehrenwort. Eigentlich war das Buch als eine Folge von Räumen angelegt. Ein jeder zeigt eine Facette der Evolution eines Geistes; und dieser Geist ist ein Dichter, als Figur geschaffen von Octavio Paz.

Aufgrund der umgangssprachlichen Elemente, dem Abrücken von der sozialkritischen Dichtung und der Art und Weise, einen Platz in der Geschichte einzunehmen, war *Libertad bajo palabra* nicht nur ein Bruch mit seiner eigenen früheren, sondern überhaupt mit der damals in Mexiko geschriebenen Lyrik.

Paz hatte eine eigene Art und Weise gefunden, die Geschichte in die Lyrik einzubringen. Nun blieb ihm noch die Herausforderung, seine historischen Hauptthemen auch im Essay expliziter zu formulieren. *Das Labyrinth der Einsamkeit*, 1950 veröffentlicht, ist die Antwort auf zwei grundlegende Fragen: Was heißt es, im 20. Jahrhundert Mexikaner zu sein? Und: Welche Bedeutung hat Mexiko in dieser Epoche? Das Wort Einsamkeit wird in diesem Buch überwiegend historisch begriffen: als Mexikaner allein zu sein in der Zeit, in der Geschichte. Andererseits ist die Einsamkeit ein Zustand, den Paz als das Schicksal aller Menschen und aller Länder betrachtet. Die Prosa dieses Buches verrät den Dichter – eine luzide, rituelle Analyse eben jener am tiefsten verwurzelten Riten des Mexikaners der Gegenwart, das heißt des Mexikaners, der in verschiedenen historischen Zeiten gleichzeitig lebt. Geschichte, als Disziplin, ist für den Autor eine Möglichkeit der Erkenntnis auf halbem Wege zwischen Wissenschaft und Poesie. Im *Labyrinth der Einsamkeit* lichtet Paz voller Eifer den Identitätsnebel und gibt den kommenden Generationen die Wörter an die Hand, um ihn zu benennen.

Als literarisches Werk wurde dieses Buch, das die Mythen Mexikos und der Mexikaner reflektiert und durchstreift, seinerseits zu einem Mythos: *Das Labyrinth der Einsamkeit* ist einer der Hauptmythen der zeitgenössischen mexikanischen Kultur, wendet man Lévi-Strauss' Hypothese an, daß jede Entzifferung eines Mythos stets einen neuen Mythos schafft. Sowohl das Denken von Roger Caillois in *Le mythe et l'homme* und *L'homme et le sacré* als auch die Lektüre des Schriftstellers und Philosophen Georges Bataille sowie des Anthropologen Marcel Mauss (die Ansichten dieser drei Denker zum rituellen Fest, zur nützlichen Verschwendung, zum Entstehen des Heiligen bei den Menschen, zu den okkulten Dimensionen des Lebens) waren für Octavio Paz in seinem Essay über das mexikanische Labyrinth richtungweisend. Viele seiner Beobachtungen des Alltäglichen, viele der mexikanischen Themen, über die er 1943 in seinen Leitartikeln für die Zeitung *Novedades* zu schreiben begonnen hatte, nahmen jetzt allmählich eine andere Bedeutung an.

Im Unterschied zu den Abhandlungen von Samuel Ramos über die Psychologie des Mexikaners, von Portilla über »das Durcheinander«, von Emilio Uranga über die Ontologie des

Mexikaners beabsichtigte Paz vielmehr eine »Übung in kritischer Imagination«: eine literarische Erforschung okkulter, oftmals schädlicher religiöser Überzeugungen. »Mein Buch war gedacht als ein Versuch der moralischen Kritik: die Beschreibung einer verborgenen Realität, die schmerzt.«

Adler oder Sonne?, veröffentlicht im darauffolgenden Jahr 1951, ist eine Folge von Prosagedichten, gleichsam eine Bündelung seines bisherigen dichterischen Unternehmens. In keinem anderen Text wird Paz' Auffassung vom Dichter als Sprachgeborenem so deutlich wie hier. Andererseits ist jeder Text für sich eine Erforschung persönlicher, innerer wie äußerer Welten und Unterwelten, eine Erforschung Mexikos und der ganzen Erde. Wir haben es buchstäblich mit »dichterischer Arbeit« im »Treibsand« zu tun, um es mit den Überschriften zweier Teile eines Buches zu sagen, das alles besitzt, um als Ausdruck einer surrealistischen Sensibilität verstanden zu werden. Tatsächlich war eins der Gedichte, »Mariposa de obsidiana«, das von André Breton in den *Almanach surréaliste du demi-siècle* (1950) aufgenommen wurde, Paz' erster Beitrag für eine surrealistische Publikation. So griffen dort in Paris, in der Mitte unseres Jahrhunderts, das Feuerwerk des Surrealismus und eine poetische Erkundung der mexikanischen Unterwelt ineinander. In einem späteren Gedicht, geschrieben anläßlich einer Ausstellung über surrealistische Kunst in Mexiko, zählte er verschiedene Surrealisten auf als eine »Konvergenz von Insurgenzen«. Auch seine Kunst konvergierte in jenem Moment.

Bei den Filmfestspielen von Cannes 1951 stellte sich ein surrealistischer Regisseur vor, der von Mexiko geprägt war: Luis Buñuel. Er durfte seinen Film *Die Vergessenen* (Kamera Gabriel Figueroa) nur in einem Nebenwettbewerb zeigen, da diverse mexikanische Funktionäre dagegen waren, daß dieser das Land offiziell vertrat. Jaime Torres Bodet zum Beispiel führte an, *Die Vergessenen* zeichne ein falsches Bild der dargestellten Gesellschaft. Octavio Paz wurde zu einem engagierten Fürsprecher Luis Buñuels und seines Films. Ein Text von ihm, »Der Poet Buñuel«, und ein Gedicht von Benjamin Péret wurden auf Flugblättern gedruckt. Ado Kyrou, Bennayou und Paz selbst verteilten sie während der Vorführungen und später am Ausgang. Der Film setzte sich letztendlich durch.

In Paris lernten sich auch Octavio Paz und Samuel Beckett flüchtig kennen. Beide übten für kurze Zeit eine bescheidene herausgeberische Tätigkeit aus. Keiner von ihnen konnte wissen, daß sie einmal den Nobelpreis für Literatur erhalten würden: Beckett 1969 und Paz 1990. Damals stellte Paz gerade eine Anthologie mexikanischer Lyrik zusammen, die von der UNESCO auf französisch und englisch herausgebracht wurde und zu der er auch das Vorwort schrieb. Bekkett besorgte die Übersetzung der Anthologie ins Englische.

Ende 1951 ging Octavio Paz' erster Aufenthalt in Paris zu Ende. Es waren sechs Jahre großer schöpferischer Aktivität gewesen, die der Entwicklung, die der Dichter seit seinem Aufenthalt in den USA durchgemacht hatte, eine besondere Richtung gegeben hatten. Die Vitalität, die seine Dichtung in Nordamerika angenommen hatte, und die Subtilität des Denkens, die in Frankreich hinzugekommen war, gaben seiner Kreativität einen neuen Charakter. Der Dichter und sein Werk waren zur Reife gelangt.

3. Zurück in Mexiko, wo die Sonne aufgeht

1952 sieht sich der Diplomat Octavio Paz gezwungen, Paris zu verlassen und das Jahr in Neu Delhi, Tokio und Genf zu verbringen. Danach kehrt er – nach neunjähriger Abwesenheit – nach Mexiko zurück und bleibt dort bis 1958. Zwischen Paris und Mexiko also ein Jahr in Japan und Indien: Und die Faszination des Ostens bestätigt sich.

Von Januar bis Mai 1952 ist er in Indien. Dort schreibt er das Gedicht »Mutra«, das er in den Band *La estación violenta* (Die stürmische Jahreszeit) aufnimmt. Darin zeigt er auch sein emotionales Verhältnis zum Genius loci. In dem Gedicht bemächtigt sich ein glühendheißer Sommer mit der Macht einer absoluten Gottheit des Menschen:

Wie eine allzu liebevolle, eine furchtbare Mutter,
   die erstickt,
wie eine Löwin, still und sonnengleich,
wie eine einzige Welle, meeresgroß,
einfach da, ohne Laut, und läßt sich nieder
   wie ein König, in jedem von uns,
und die gläsernen Tage schmelzen dahin, und in jeder Brust
   ein Thron, errichtet aus Dornen und Glut,
und das Reich ein feierliches Schlucken, ein zermalmtes
   Atmen von Göttern und Tieren mit weitoffnen Augen
und Mündern voll heißer Insekten, die Tag und Nacht
   dieselbe Silbe formen, Tag und Nacht.
Sommer, unendlicher Mund, Vokal aus Keuchen und
   Dampf!
(...)

Seine Beziehung zu Indien wurde mit der Zeit immer tiefer und prägte zehn Jahre später einen wichtigen Abschnitt seines Lebens. Doch Mitte 1952 wurde Paz erst einmal von Neu Delhi nach Japan versetzt, wo er sieben Monate blieb. In Tokio schreibt er, ebenfalls in Prosaversen, das Gedicht »Gibt's keinen Ausweg?« (»¿No hay salida?«), das er in denselben Band aufnimmt. Wie das vorherige ist es ein höchst dramatisches Gedicht. In seinem Verlauf entschwindet die Identität der Hauptperson. Eine radikale *Andersheit* treibt sie aus sich selbst hinaus, zieht sie an, läßt sie sich anschauen, sich sehen. Das Thema der essentiellen Entwurzelung schwebt, wie ein fernes Echo von Alfonso Reyes' dramatischer Dichtung *Ifigenia cruel*, zwischen den Zeilen:

> (...)
> dieser Augenblick bin ich, plötzlich bin ich aus mir
>   herausgegangen, ich habe keinen Namen, kein Gesicht,
> Ich ist hier, hingestreckt zu meinen Füßen, mich sich
>   betrachtend, wie ich betrachtet mich betrachte.
>
> Draußen, in den Gärten, die der Sommer verheerte,
>   wütet eine Zikade gegen die Nacht.
> Bin ich oder war ich hier?

So offenbarte sich ihm auf recht heftige Weise der Ferne Osten, der mit der Zeit eine immer tiefere Spur in seinem Werk hinterlassen sollte. Und die Verlockung, die er bereits bei seiner frühen Lektüre von José Juan Tablada verspürte, der das Haiku in die mexikanische Literatur eingeführt hatte, wurde durch seinen etwas mehr als sechsmonatigen Japan-Aufenthalt noch stärker. Diese Anziehungskraft, die die japanische Kultur auf ihn ausübte, führte unter anderem dazu, daß Paz 1955 zusammen mit einem japanischen Freund die Gedichte und Reisebeschreibungen des Matsuo Bashō erstmals in eine westliche Sprache übertrug (*Sendas de Oku*). Fünfzehn Jahre später, anläßlich einer Neuauflage dieser Übersetzung, versuchte Octavio Paz zu erläutern, was ihn an Japan so faszinierte, und er stellte es in einen Zusammenhang mit dem, was er die Geschichte der Leidenschaft des Westens für den Osten nennt. Er unterscheidet dabei zwei jüngere Perioden: eine, die im vergangenen Jahrhundert in Europa begann und in den angloamerikanischen Dichtern des »Imagismus« ihren Höhepunkt fand; und eine andere, die nach dem Zweiten Weltkrieg in den USA begann und noch andauert. Die erste, sagt der übersetzende Dichter, ist vor allem ästhetisch und beeinflußte die Literatur von Pound, Yeats, Claudel, Éluard mindestens ebenso stark wie die Malerei, zum Beispiel die der Impressionisten. »In der zweiten Periode war die Tonalität weniger ästhetisch, sie war spiritueller oder geistiger; will sagen: es begeistern uns nicht nur die künstlerischen Ausdrucksformen Japans, sondern auch die religiösen, philosophischen oder intellektuellen Strömungen. Die japanische Ästhetik – besser gesagt: der Fächer von Anschauungen und Stilen, den uns diese künstlerische und poetische Tradition bietet – hat nicht aufgehört, unsere Neugier zu wecken und ihren Reiz auf uns auszuüben, doch ist unsere Perspektive eine andere als die der früheren Generationen. Obgleich alle Künste, von der Poesie bis zur Musik und von der Malerei bis zur Architektur, aus dieser neuen Art und Weise, sich der japanischen Kultur zu nähern, Nutzen gezogen haben, glaube ich, daß das, was wir alle in ihr suchen, ein anderer Lebensstil ist, eine andere Sicht der Welt und auch des Jenseits.«

Octavio Paz knüpfte immer vielfältigere Verbindungen zum Osten. Die reizvolle strenge Form des japanischen Kurzgedichts Haiku entfaltete sich in seiner Lyrik und half mit ihrer Beschränkung bei der Eindämmung des, wie Paz es ausdrückt, »überbordenden Surrealismus«. Ferner schrieb er verschiedene Artikel über die Kunst und Literatur Japans. In seinem Interview mit Masao Yamaguchi (abgedruckt in *Pasión crítica*) erklärte er: »In der japanischen Tradition bin ich zunächst auf die Vorstellung von der Konzentration gestoßen; dann auf die Vorstellung des Unvollendeten, der Unvollkommenheit. Etwas wegzulassen, nicht alles zu Ende zu führen... Ein japanisches Gedicht sagt mit sehr wenigen Elementen etwas, das eine große Intensität besitzt. Das hat mich sehr interessiert, denn es steht der romanischen Tradition genau entgegen, insbesondere der spanischen, die sich in der Ausweitung gefällt. Die japanische Dichtung ist eine Lektion in Ökonomie. In Indien übertreiben sie noch mehr: zweitausend Zeilen, wo ein Japaner sich auf einen Ausruf beschränkt... Außerdem konzentriert die japanische Dichtung in einem Vers eine große Vielfalt einzelner Bedeutungen; sie ist beladen mit Sinngehalten. Letztlich ist sie das Unfertige. Zuerst habe ich das bei Bashō entdeckt, dann auch bei anderen Dichtern und bei Malern. Donald Keene sagt, die japanische Ästhetik spiele mit der Vorstellung des Unvollendeten, leicht Unvollkommenen. Es ist wie ein Zeugnis, das die Zeit den Menschenwerken ausstellt: das Zeugnis der Authentizität. (...) Der Dichter sagt nicht alles, er läßt dem Leser die Möglichkeit, sein Gedicht zu vervollständigen.«

Diese Reflexion darüber, wie das Werk des Künstlers in der Beziehung zum Leser eine Vervollständigung erfährt, kommentiert ungewollt Octavio Paz' Rückkehr ins Mexiko der fünfziger Jahre. Man kann sagen, daß sich der leidenschaftliche, agile, kämpferische Dichter, mit all seinen wichtigen Erfahrungen und mit der Kultur, die er im Laufe eines Jahrzehnts, vor allem während seiner Pariser Jahre, aufgesogen und erlebt hat, durch sein Wirken in Mexiko vervollkommnet. Wenn man betrachtet, wie die Anwesenheit in seinem Land auf ihn wirkte, könnte man fast meinen, der Intellektuelle, der Mann des öffentlichen Lebens, der Octavio Paz damals war, habe diesen Kontakt mit seinem ursprünglichen kulturellen Milieu geradezu gebraucht, um sich erneut und in vielerlei Hinsicht zu verändern.

Zwischen 1953 und 1958 lebte er wieder in Mexiko-Stadt, wo er weiterhin im diplomatischen Dienst tätig war. Nach dieser Rückkehr wurde er zu einer jener Persönlichkeiten, die die heimische Kultur am deutlichsten mitprägten, indem er neue ausländische Schriftsteller bekannt machte oder eine neue Sicht auf mexikanische Maler und Autoren eröffnete. »Bei meiner Rückkehr fand ich eine Gruppe von Intellektuellen vor, die noch Dogmen anhingen, die schon damals, vor dreißig Jahren, völlig steril waren: dem sozialistischen Realismus, dem Nationalismus et cetera. Ihnen stand aber bereits eine Gruppe einzelner junger Leute gegenüber, in erster Linie denke ich da an Carlos Fuentes. Sie wurden sofort zu meinen Verbündeten, zu meinen Freunden, und gemeinsam machten wir es uns zur Aufgabe, das literarische und künstlerische Leben Mexikos zu verändern. (...) Wir versuchten zu erneuern, Fenster aufzustoßen, Strömungen bekanntzumachen, Werke und Werte, die in Mexiko unbekannt waren; in einigen Fällen würde ich sogar sagen: sie wurden absichtlich ignoriert. Noch galt, um nur ein Beispiel zu geben, die Formel von Siqueiros unumschränkt: ›Einen anderen Weg als den unseren gibt es nicht.‹ Ich schlug Schlachten, zog ins Feld für die neue Kunst, ganz besonders für Rufino Tamayo und andere Maler. Und neben all dem schrieb ich *El arco y la lira,* die letzten Gedichte von *La estación violenta,* darunter ›El cántaro roto‹ und ›Piedra de sol‹; und schließlich übersetzte ich auch John Donne, Apollinaire und so weiter.«

Seine Anregungen wurden vor allem in der Zeitschrift *Revista Mexicana de Literatura* spürbar, die in der ersten Zeit von Carlos Fuentes und Emmanuel Carballo geleitet wurde. Mit verschiedenen anderen Künstlern, darunter dem Maler Juan Soriano und der Malerin und Schriftstellerin Leonora Carrington, gründete er 1955 die experimentelle Theatergruppe »Poesía en voz alta«, damals als theatralische Avantgarde viel beachtet. Er veröffentlichte sein einziges Theaterstück: *La hija de Rapaccini* (1956), einen Einakter nach einer Geschichte von Nathaniel Hawthorne, der im selben Jahr unter der Regie von Héctor Mendoza uraufgeführt wurde.

Ebenfalls 1956 erschien ein weiteres wichtiges Buch von Octavio Paz, diesmal ein poetologischer Essay: *Der Bogen und die Leier* (*El arco y la lira*). Dafür erhielt er im gleichen Jahr den Premio Xavier Villaurrutia, den angesehensten Literaturpreis Mexikos, der für ein einzelnes Buch verliehen wird, im Unterschied zum Premio Nacional de Letras, der für ein Gesamtwerk, einen künstlerischen Werdegang verliehen wird und den Octavio Paz 1977 erhalten sollte.

In *Der Bogen und die Leier* nimmt Octavio Paz, mit Variationen, die gleichen Fragen und Antworten zur Natur der Dichtung wieder auf, die er fast fünfzehn Jahre vorher in seinem Essay »Poesía de soledad y poesía de comunión« schon formuliert hatte. Gleich zu Beginn verwahrt sich der Autor dagegen, sein Buch etwa als Spekulation oder Theorie zu betrachten, und bezeichnet es lieber als Zeugnis der Begegnung mit einigen Gedichten. Laut Paz hat der poetische Mensch, in Anlehnung an ein Bild Heraklits, teil am Wesen der Leier, die ihm mit ihrem Gesang einen Platz in der Welt zuweist; und zugleich am Bogen, der ihn über sich selbst hinausschießt.

Die drei Teile, aus denen das Buch in der ersten Ausgabe bestand, warfen folgende Fragen auf: Gibt es ein dichterisches Sagen, das auf kein anderes Sagen reduzierbar ist? Was sagen die Gedichte? Wie teilt sich das dichterische Sagen mit? Die erste Frage führt zu einer Untersuchung dessen, was das Gedicht an sich ausmacht: Sprache, Rhythmus, Vers und Prosa, das Bild.

Die zweite Frage in diesem Buch wirft uns in die Welt der dichterischen Offenbarung, der Inspiration und unserer Reise zum »anderen Ufer«, wo wir die Dichtung erfahren. Bei der Erörterung der dritten Frage äußert sich erneut, wenn auch in einem anderen Gewand, das Interesse des Autors an den Beziehungen zwischen Dichtung und Geschichte. Es ist dies seine stetige Frage danach, wie sich der nicht reduzierbare Akt der Dichtung in die Welt fügt. Wieder kommt Paz zu dem Schluß, daß Dichtung die Geschichte nicht erzählen, sondern selbst Geschichte sein soll. Wieder verweist er auf die poetische Erfahrung als ein Zurück zu sich selbst, zu den tiefsten und authentischsten Sehnsüchten. Und wieder bezeichnet er die Einsamkeit als dominierendes Merkmal der zeitgenössischen Lyrik. Gelehrtheit und originelle Interpretation des leidenschaftlichen Abenteuers Dichtung gehen in diesem Essay Hand in Hand. Am Ende läßt der Autor seine Eingangsfragen offen, fragt sich gar, ob es überhaupt Antworten gibt.

Was Paz mit diesem Buch tatsächlich offen läßt, eröffnet, ist ein neuer Weg für sein essayistisches Werk, und er wird ihn mit all seinen Sammlungen literarischer Essays ausschreiten; in erster Linie sind dies *Die andere Zeit der Dichtung* (*Los hijos del limo*, 1974) und *La otra voz. Poesía y fin de siglo* (Die andere Stimme. Dichtung und Jahrhundertende, 1990), die man als Fortführungen von *Der Bogen und die Leier* ansehen kann.

Ab der zweiten Ausgabe (1967) dieses Buches ersetzte ein Text mit dem Titel »Die rotierenden Zeichen« (»Los signos en rotación«) den alten Epilog. Es handelt sich um ein neues poetologisches Manifest, in dem behauptet und erläutert wird, daß die moderne Dichtung nicht, wie einmal gesagt wurde, das Gedicht der Dichtung sei, sondern daß gegenwärtig die höchste Form der Dichtung in der Negation der Dichtung bestehe, in der Kritik an der Sprache, der dichterischen Erfahrung an sich. Zeichen der Zeit: aus dem Gedicht selbst wird sich eine Lesart ergeben, doch niemals wird es eine definitive, abgeschlossene Lesart sein. Andererseits soll die Dichtung nicht Erfindung sein, sondern Entdeckung der Anderen, der *Andersheit,* die uns umgibt. Demnach ist Dichtung die geheimnisvolle, authentische Suche nach einem Hier und einem Jetzt. Das Thema Dichtung und Revolution, Dichtung und Gesellschaft wird neu betrachtet und wieder ausgeklammert, sein anmaßender Zug erkannt. Laut Paz war es früher Aufgabe des Dichters, den Worten des Volkes einen reineren Sinn zu verleihen; heute ist es die Frage nach diesem Sinn. Zugleich ist Dichtung der Versuch, Getrenntes wieder zu vereinen.

Bereits 1955 hatte er, in seinem Gedicht »Zerbrochener Krug« (»El cántaro roto«) einen entrüsteten Blick auf das bittere Elend in seinem Land geworfen; dort erfleht er diese neue Synthese des Unvereinten:

Der innere Blick entfaltet sich, und eine Welt aus Taumel und Flamme wird unter der Stirn des Träumenden geboren:
(...)
Sag mir, Dürre, sag mir, verbrannte Erde, Erde aus fein zermahlenen Knochen, sag mir, Mond in der Todesstunde, gibt es kein Wasser?
Gibt es nur Blut, nur Staub, nur das Treten nackter Füße auf den Dorn,
nur Lumpen und Insektenfraß und Benommenheit unter dem Mittag, herzlos wie ein Kazike aus Gold?
(...)
zu träumen gilt es, rückwärts, der Brunnenstube entgegen, zu rudern, Jahrhunderte aufwärts,
über die Kindheit hinaus, über den Anfang hinaus, über die Taufwasser hinaus,
niederzulegen die Wände, die den Menschen vom Menschen scheiden, erneut zu verbinden, was getrennt war,
Leben und Tod sind keine gegensätzlichen Welten, wir sind ein einziger Stengel mit Zwillingsblüten,
auszugraben gilt es das verlorene Wort, zu träumen nach innen und auch nach außen,
zu entziffern die Tätowierung der Nacht und Auge in Auge den Mittag zu schauen, ihm die Maske zu rauben,
(...)

Die Veröffentlichung dieses Gedichts in der *Revista Mexicana de Literatura* erregte Protest bei den Nationalisten, die verhindern wollten, daß das inzwischen institutionalisierte Trugbild von einem durch und durch modernen Mexiko getrübt würde. Octavio Paz und seine Verbündeten kämpften darum aufzuzeigen, daß das Land noch ein gutes Stück Wegs vor sich hatte, wenn es wirklich in das moderne Zeitalter eintreten wollte. Er glaubte noch daran, auch wenn in seinen Essays bereits erste Anzeichen dessen erkennbar sind, was sich mit der Zeit zu einer offenen Kritik an dem Modernitätsgedanken selbst auswachsen sollte.

Paz' Schaffen als Kritiker und literarischer Essayist war schon damals beachtlich. *Las peras del olmo* (Die Möglichkeit des Unmöglichen) (1957) war der erste Essayband mit recht vermischten Texten, ein kleines Panorama von fünfzehn Jahren Kulturjournalismus. Der erste Teil des Buchs bestand aus Texten über die mexikanische Lyrik: seine ersten Essays über Sor Juana, José Juan Tablada, Carlos Pellicer, José Gorostiza, López Velarde; dazu seine Einführungen zu zwei Anthologien, eine mit zeitgenössischer mexikanischer Lyrik, die andere mit Lyrik quer durch die Jahrhunderte. Der zweite Teil versammelte die unterschiedlichsten Texte, angefangen mit einem aus seiner Jugend, »Poesía de soledad y poesía de comunión« (Dichtung der Einsamkeit und Dichtung als Kommunion), bis hin zu Essays über den Surrealismus, die japanische Literatur, die Maler Rufino Tamayo, Juan Soriano und Pedro Coronel sowie die spanischen Schriftsteller Machado und Moreno Villa.

Von nun an treten verschiedene Grundgedanken auf, die der Dichter-Essayist im Laufe der Zeit stetig weiterentwikkelt, darunter die Idee des Modernen in der Kunst als eine Tradition, und zwar als eine aus Brüchen bestehende Tradition. Die Vorstellung vom Niedergang der Avantgarde gewinnt an Aktualität, wenn man bedenkt, daß es unmöglich geworden ist, an die lineare, progressive Zeit zu glauben: Die Idee des Modernen steckt in der Krise, daher lösen sich sowohl der Begriff der Zukunft als auch der des Wandels auf. Octavio Paz hat schon im voraus die Problematik angesprochen, die sich heute hinter dem Wort »Postmoderne« verbirgt.

Octavio Paz' Erforschung der Moderne und ihrer Zerfallserscheinungen hat sich mit der Literatur, besonders mit der Dichtung befaßt, aber auch mit der bildenden Kunst, vor allem der Malerei. Als Kunstkritiker eröffnete Paz in Mexiko der Moderne ein neues Forum, wo nicht nur darüber informiert wurde, was in der Welt geschah, sondern auch daran gearbeitet wurde, das Werk der modernen mexikanischen Maler zu verstehen. Plötzlich sah man die prähispanische Kunst mit anderen Augen, denn mit seinem vom Surrealismus geschärften Blick wußte Paz die Werte des »Primitiven« als authentische, verblüffende Kunst zu schätzen.

Seit seiner Rückkehr nach Mexiko in den fünfziger Jahren, nach der Veröffentlichung von *¿Aguila o sol?*, schlug Paz' Dichtung einen immer innovativeren und experimentelleren Kurs ein. Sein dichterisches Abenteuer ebnete den Weg selbst den jüngsten Dichtern, die bisweilen, bevor sie zu einer eigenen Stimme fanden, in seine Fußstapfen traten.

1954 veröffentlichte er *Semillas para un himno* (Saat für einen Lobgesang), zweiundzwanzig in Form und Umfang unterschiedliche Gedichte, in denen bereits, was seine Arbeit mit Bildern betrifft, die Lehren der japanischen Lyrik erkennbar sind. Eine Art Haiku dient einem der Teile als Eröffnung:

Der Tag tut seine Hand auf
Drei Wolken
Und diese wenigen Wörter

Wiederkehrende Themen in diesem Band sind die Zerrissenheit des Lebens (»Zerbrochene Spiegel in denen die Welt zerstückt sich erblickt«), die Suche nach einer anderen Gegenwart (»Zeig dich / Hilf mir zu sein / Hilf dir zu sein«) und die Begegnung mit einem anderen Körper:

Du weintest und lachtest
Das Bett ein stiller Ozean
Und wieder ergrünte das Zimmer
Bäume sprossen Wasser entsprang
Da waren Zweige und Lächeln zwischen den Laken
Da waren Ringe nach dem Maße des Glücks
Überraschende Vögel auf deinen Brüsten
Funkelnde Federn in deinen Augen
Wie das schlafende Gold war dein Körper

Wie das Gold und seine glühende Replik wenn das Licht
  es trifft
Wie das Stromkabel das bei Berührung Funken sprüht
Du lachtest und weintest
Wir ließen unsere Namen am Ufer
Wir ließen unsere Gestalt
Mit geschlossenen Augen körperinwärts
Unter den Doppelbögen deiner Lippen
Es gab kein Licht gab keinen Schatten
Inwärts immer weiter
Wie zwei Meere die sich küssen
Wie zwei Nächte blindlings sich durchdringen
Immer tiefer auf den Grund
An Bord des schwarzen Seglers

Im darauffolgenden Jahr (1955) schrieb er eine Sammlung von Haikus, »Einzelne Steine« (»Piedras sueltas«), die später in *Semillas para un himno* aufgenommen wurden. In dieser allerknappsten Form spürte er Bildern nach, die an prähispanische Gegenstände und Mythen erinnern. Andere zeigen den Dichter verblüfft vor Schlaglichtern auf die Welt. In einem, mit dem Titel »Biografía«, deutet sich bereits das starke Gefühl an, welches den Dichter in den folgenden Jahren überkommt, nämlich daß ein Abschnitt seines Lebens zu Ende geht, von ihm abrückt. Die allumfassende Trennung, von der er in seiner Dichtung aus jener Zeit immerzu spricht, ist auch Trennung von sich selbst, von dem, was er tat und war:

    Nicht was sein konnte:
    es ist was war.
    Und was einmal war das ist tot.

Aus damaliger Perspektive scheinen die Gedichte aus *Semillas para un himno* auf eine weitaus ambitioniertere Verwirklichung der ihnen innewohnenden Themen und Obsessionen abzuzielen. Diese erreicht Paz in einem umfangreichen Synthese-Gedicht: »Sonnenstein« (»Piedra de sol«). Es erschien 1957 als Kulmination einer dichterischen Suche: ein zirkuläres Gedicht, zugleich ein Gedicht über die Liebe und die Verbrechen der Geschichte, ein Gedicht voller Mythologien und Archetypen, ein Gedicht der Begegnung mit der Geliebten und mit der in Trümmern liegenden Welt, wenn die Sonne die Sinne aufbricht wie Steine und aus ihnen das Leben hervorkeimen läßt.

Das Langgedicht »Sonnenstein« ist im Pazschen Werk von fundamentaler Bedeutung. Es ist autobiographisch, aber ebenso die Biographie einer Generation. Eine Vision dessen, was von ihren Träumen geblieben ist: Trümmer der großen historischen Illusionen, Bekräftigung des Experiments und des Liebesdrangs, denn was bleibt, ist das Leben selbst. Ein Eros, allumfassend und zu diesem Zeitpunkt bereits das beherrschende Merkmal seiner Poetik:

> (...)
> ich geh durch deinen Wuchs wie durch ein Flußbett,
> wie durch den Wald geh ich durch deinen Körper,
> so wie auf schmalem Pfade im Gebirge,
> der jählings dann an einem Abgrund endet,
> geh ich den Saumweg deines feinen Denkens,
> und an dem Ausgang deiner weißen Stirn dann
> stürzt mein Schatten und bleibt zersplittert liegen,
> ich sammle, ein ums andre, meine Teile
> und tappe weiter ohne Körper, tastend,
> (...)
> ich möchte weiter, weiter gehn und kann nicht
> der Augenblick fiel in den nächsten, tiefer,
> ich lag im Traum von Stein, der keinen Traum kennt,
> und da, am Ende der versteinten Jahre,
> hört' ich mein Blut in seinem Kerker singen,
> (...)

1958 erschien *La estación violenta* (Die stürmische Jahreszeit), worin auch das vorangegangene Gedicht enthalten ist; und 1960 wurden die Gedichte dieses Bandes sogar in die Neuauflage von *Libertad bajo palabra* aufgenommen, womit sich ein Zyklus seines Werkes und seines Lebens schloß.

1959 verläßt Octavio Paz erneut Mexiko, doch seine Präsenz, seine Spur im Land ist bereits endgültig, und selbst in Indien, wo er später wohnt, wird seine Verbindung mit dem heimischen kulturellen Leben enger sein als während seiner früheren Auslandsaufenthalte.

Dritter Kreis
Die neue stürmische Jahreszeit
1959-1990

1. Neue alte Welten: Indisches Intermezzo

1958 erschien die Sammlung *La estación violenta* (Die stürmische Jahreszeit). Der Dichter wollte mit diesem Titel auf das Ende seiner Jugend anspielen. Zudem verspürte er aber auch das Bedürfnis, eine ganze Periode für abgeschlossen zu erklären und eine neue zu beginnen. Und tatsächlich fängt dieser fünfundvierzigjährige Mann 1959 ein neues Leben an. Das folgende Jahrzehnt verbringt er in Frankreich und Indien, die ersten drei Jahre in Paris, die restliche Zeit in Neu Delhi.

Die Gedichte, die er zwischen 1958 und 1961 schrieb, wurden im darauffolgenden Jahr in dem Band *Salamandra* (Salamander) veröffentlicht, und sie sind ein neuerlicher, eindringlicher Beweis für eine lebendige, sich stetig weiterentwickelnde Dichtkunst: die sich schafft und wiedererschafft in der kritischen Reflexion ihrer selbst. Im gleichen Band erscheinen kurze Gedichte über intensive erotische Erlebnisse, Bilder, die den Tonfall der japanischen Lyrik nachempfinden. Auch der Surrealismus treibt Blüten, so in dem folgenden Gedicht, das in Paris spielt und unwillkürlich an Magritte erinnert:

> Er ging durch die Menge
> Auf dem Boulevard Sébasto
> Und träumte vor sich hin.
> Das Rot bremste ihn.
> Er schaute nach oben:
>   Über
> Grauen Dächtern, silbrig
> Zwischen braunen Vögeln,
> Flog ein Fisch.
> Die Ampel sprang auf Grün.
> Als er die Straße überquerte, fragte er sich,
> Woran er gerade dachte.

In einem anderen Gedicht, das ebenfalls in Paris spielt und von einem Treffen mit André Breton und Benjamin Perét inspiriert ist, wird das Unsichtbare gegenwärtig, die Stadt wird Frau, Gegenwart:

> Um zehn Uhr abends im Englischen Café
> Außer uns dreien
>   War niemand da
> Draußen hörte man den feuchten Schritt des Herbstes
> Schritte eines blinden Riesen
> Schritte eines Waldes der in die Stadt kommt
> (…)
> Alles ist Türe
> Es genügt der leichte Druck eines Gedankens
> Und sperrangelweit tut sich das Leben auf
> Etwas ist im Anzug
>   Sagte einer von uns
> (…)
> Stadt oder Frau Gegenwart
> Fächer der du das Leben zeigst und verbirgst
> Schön wie der Aufruhr der Armen
> Deine Stirn phantasiert im Fieber aber in deinen Augen trinke ich Klugheit
> Deine Achselhöhlen sind Nacht aber deine Brüste Tag
> Deine Worte sind aus Stein aber deine Zunge ist Regen
> Dein Rücken ist der Mittag des Meeres
> Dein Lachen die Sonne die in die Vororte dringt
> Dein Haar wenn es sich löst das Sturmgewitter auf den Terrassen der Frühe
> Dein Leib das Atmen des Meeres der Herzschlag des Tages
> Du nennst dich Sturzbach und nennst dich Wiese
> Du nennst dich Hochflut
> Du hast alle Namen des Wassers
> Doch dein Geschlecht ist unnennbar
> (…)

Als er in das wohlvertraute Paris zurückkehrt, nimmt er die Veränderungen wahr, die in diesen ausgehenden fünfziger und beginnenden sechziger Jahren in der Kultur stattfinden. Bereits in Mexiko hatte er immer wieder über die Anzeichen einer neuen, in den fünfziger Jahren entstehenden Avantgarde geschrieben. Die sechziger Jahre beginnen, und vieles von dem, was ihn zu dieser Zeit umtreibt, schlägt sich in seinen Artikeln und kurzen Essays nieder, die er 1966 unter dem Titel *Puertas al campo* (Türen ins Freie) zusammenstellt; vor allem aber in *Corriente alterna* (Wechselstrom, 1967), unter seinen bisherigen Büchern vielleicht am stärksten seiner Entstehungszeit verhaftet. Es umfaßt, in drei Teile gegliedert, Texte, die zwischen 1959 und 1965 in verschiedenen Zeitschriften veröffentlicht wurden. Im ersten Teil geht es um Kunst und Literatur. Dort zeigt sich eine Vorahnung des Künstlers der Sechziger: »Eine andere Zeit bricht an: eine andere Kunst.« Im zweiten Abschnitt herrschen Themen vor, die heute als Kennzeichen jener Zeit angesehen werden können: die »künstlichen Paradiese« der Drogen und der Literatur, Emanzipationsbewegungen, Atheismus und Sekten im Westen, Buddhismus im Osten. Der dritte Teil befaßt sich mit Politik: Der Unterschied zwischen Revolution, Revolte und Rebellion wird den Dichter noch viele Jahre beschäftigen.

Paz ist oftmals einer der ersten Denker unserer Sprache, der die bestimmenden Themen der Kultur der sechziger Jahre in seinen Artikeln anspricht. Alle Essay-Bände, die er in diesem Jahrzehnt zusammenstellte, bezeugen seine damaligen Leidenschaften und Obsessionen. In Paris entsteht ein kulturelles Umfeld, das von der Vorstellung beherrscht wird, alles sei Sprache: ein Zeichencode. Und hinter allem verberge sich eine Struktur, die es zu ergründen gelte: »Strukturalismus« wird dieser Theorierausch später genannt. Durch den Sprachgebrauch der literarischen Studien zieht sich der Begriff »Zeichen« in allen Variationen, und unter diesem Blickwinkel der Welt als Sprache betitelt Octavio Paz seine Bücher: *Die rotierenden Zeichen* (*Los signos en rotación,*

1965); *Verbindungen – Trennungen* (*Conjunciones y disyunciones,* 1969) über die Bezugspaare Ähnlichkeit/Gegensatz und Einheit/Trennung zweier Zeichen: des Körpers und Nicht-Körpers; später dann *El signo y el garabato* (Zeichen und Gekritzel, 1973) mit Texten aus den Jahren 1967 bis 1972; *Teatro de signos/Transparencias* (Zeichentheater/Transparenzen, 1974), eine von Julián Rios angefertigte Textmontage, und *Der sprachgelehrte Affe* (*El mono gramático,* 1974), ein philosophisch-poetischer Prosaext, der seinen östlichen Zyklus beschließt. Außerdem beendete er Mitte des Jahrzehnts ein Buch über einen der Väter des französischen Strukturalismus: *Claude Lévi-Strauss o el nuevo festín de Esopo* (Claude Lévi-Strauss oder Äsops neues Festmahl), in dem der Mensch definiert wird als ein Sender von Zeichen, ein Zeichen unter Zeichen.

Ironischerweise war seine Lesart des Strukturalismus die eines *homme de lettres,* und vielleicht blieb er deswegen vergleichsweise am Rande der großen strukturalistischen Mode, deren Verbreitung und Glück eher in den Händen von Technikern dieses Fachs lag. Die sogenannten »Sprachwissenschaften« verwandelten sich in eine Technik zur Deutung der Welt.

Auch in Indien, wo er 1962 zum Botschafter ernannt wurde, schrieb er zahlreiche Essays. Darin ging es ihm meistens darum zu untersuchen, wie sich die Kunst in ihre Zeit einfügt – fast immer gegen den Strom oder, wie der Titel eines Buches besagt, im Wechselstrom. Die Bewegung, zu der sich Paz zählt, ist – und das wird ihm selbst immer deutlicher – eine Bewegung des Bruchs. Und so sind auch die vier Dichter, über die er in diesem Jahrzehnt ausführliche Essays schreibt – Rubén Darío, Ramón López Velarde, Fernando Pessoa und Luis Cernuda – Schriftsteller, die ihrer unmittelbaren Tradition entgegenstanden und zugleich Schöpfer einer neuen Tradition waren, der auch Paz angehört: der Tradition des Bruchs. »Das ist die Tradition unserer modernen Dichtung (...) eine Bewegung, die Ende des vergangenen Jahrhunderts von den ersten hispanoamerikanischen Modernisten eingeläutet wurde und heute noch nicht abgeschlossen ist«, sagt er dazu im Vorwort zu seinem Band *Cuadrivio* (Quadrivium, 1965), der diese Essays versammelt. Einer davon, er erkundet die dichterische Welt des Fernando Pessoa, ist ursprünglich datiert mit Paris 1961, die anderen drei mit Neu Delhi, 1964.

1963, nach dem Erscheinen von *Salamandra*, verlieh die Brüsseler Maison Internationale de la Poésie Octavio Paz den Grand Prix International. Es war die erste von zahlreichen internationalen Auszeichnungen, die er von nun an erhalten sollte.

Im selben Jahr lernt er Marie José Tramini kennen, und die beiden heiraten. »Abgesehen von meiner Geburt ist es das Wichtigste, was mir passiert ist. (...) Wir haben unter einem großen Baum geheiratet, einem dichtbelaubten Nim. Er war voller Eichhörnchen, und hoch oben, auf den höchsten Ästen, ließen sich manchmal junge Adler nieder, auch viele Raben. (...) An den Winternachmittagen war jener Garten von einem harmonischen Licht erfüllt, jenseits von Zeit. Ein unparteiisches Licht, möchte ich fast sagen, ein reflexives. Ich weiß noch, wie ich zu Marie-Jo sagte: ›Es wird schwer sein, zu vergessen, was uns dieser Garten gelehrt hat.‹ Lektionen über die Freundschaft, die Brüderlichkeit zu Tieren und Pflanzen. Wir alle sind Teil eines Gleichen. (...) Für die Inder ist die Natur noch heute eine Mutter, die gütig sein kann oder schrecklich. Außerdem gibt es keine klaren Grenzen zwischen der Welt der Tiere und der Welt der Menschen. (...) Indien hat uns, Marie-Jo und mich, die Existenz einer Zivilisation gelehrt, die anders ist als die unsrige. Und wir haben nicht nur gelernt, sie zu respektieren, sondern sie zu lieben.«

Sein Interesse für die indischen Kulturen äußert sich in zahlreichen Essays, im allgemeinen als Kontrapunkt zur westlichen Kultur, so in *Verbindungen – Trennungen* (1968) und in *Nackte Erscheinung. Das Werk von Marcel Duchamp* (*Apariencia desnuda: la obra de Marcel Duchamp*, 1973).

Die tiefsten Spuren hinterlassen sein Indien-Erlebnis und die Erfahrung der Liebe jedoch in der Dichtung. Die Gedichte aus *Ladera Este* (Östlicher Abhang), geschrieben zwischen 1962 und 1968, deuten einen Wandel in der Pazschen Poetik an, die sich immer schon als eine Erotik verstanden hat. Während in den vorangegangenen Epochen seine Poesie insofern Erotik ist, als Poesie Begegnung mit dem Anderen bedeutet, so zeigt sich nach Indien eine neue Weisheit – deutlich ausgesprochen in *Der sprachgelehrte Affe* –, die dem Dichter, der sich auf einem Weg zu einem bestimmten Ort befindet, die plötzliche Erkenntnis eröffnet, daß der Weg das Ziel ist. Auf dieses Thema angesprochen, bestätigt Octavio Paz: »In Indien treffe ich plötzlich, aufgrund persönlicher Erfahrungen, auf eine Art von Netz aus Gefühlen, Ideen und Erfahrungen. Die Erotik zum Beispiel trennt mich nicht vom Heiligen, bringt mich ihm aber auch nicht näher. Eine für den westlichen Menschen schwer nachvollziehbare Erfahrung. Erotik ist in Phantasie verwandelte Sexualität. Liebe ist diese erotische Phantasie, verwandelt in die Erwählung einer Person. Genau das ist es, was ich in Indien entdeckt habe und was wahrscheinlich meine Dichtung verändert hat. Auf der einen Seite füllte es meine Wörter mit mehr Wirklichkeit, gab ihnen eine größere Dichte. Sie wurden praller. Auf der anderen Seite wurden sie luzider. In gewisser Weise war es ein Wiedererlangen der Wirklichkeit dieser Welt durch die geliebte Person. Und noch etwas ganz Wesentliches: Es führt zur Erkenntnis, daß die Welt zwar real, aber nicht stabil ist. Sie ist unaufhörlich in Veränderung begriffen. Der Baum dort, den ich gerade anschaue, ist nicht immer der gleiche Baum. Er ist immer kurz davor, umzufallen, sich aufzulösen und in einem anderen Baum wiedergeboren zu werden, der mit dem von vor einer Sekunde identisch ist, aber er ist nicht der gleiche. Dasselbe geschieht auch mit mir und mit den Menschen um mich herum. So wurde das Universum für mich plötzlich nicht nur zu Gegenwart, sondern auch zu einer Frage. Und das wollte ich mit meinen Gedichten sagen. Ich weiß nicht, ob ich es gesagt habe, aber genau das wollte ich sagen.« In seinem Gedicht »Glück in Herat« (»Felicidad en Herat«), bezeichnenderweise Carlos Pellicer gewidmet, in dessen Dichtung das Christliche und die überbordende Natur zwei wesentliche Momente sind, heißt es zu Beginn und am Schluß:

Ich kam hierher,
Wie ich diese Zeilen schreibe
– Ohne bestimmte Idee:
Eine Moschee, blau und grün,
Sechs verstümmelte Minarette,
Zwei oder drei Gräber,
Erinnerungen an einen heiligen Dichter,
Die Namen Timurs und seines Geschlechts.
(…)
Ich sah einen blauen Himmel und alle Blautöne,
Vom Weiß bis zum Grün
Den ganzen Fächer der Pappeln,
Und über der Pinie, mehr Luft als Vogel,
Die schwarzweiße Amsel.
Ich sah die Welt in sich selber ruhn.
Ich sah die Erscheinungen.
Und ich nannte diese halbe Stunde:
Vollkommenheit des Endlichen.

1967 erscheint, der experimentellen Form entsprechend in einer Sonderausstattung, das Gedicht »Weiß« (»Blanco«). Eine einzige Seite entfaltet sich mit dem Fortschreiten der Lektüre und stellt so gewissermaßen den Text her: der Raum selbst wird Text. Die Idee ist, daß das Lesen zu einem Ritual wird, zu einer Reise mit verschiedenen Verlaufsmöglichkeiten. Drei parallele Kolumnen mit verschiedenen Schrifttypen bieten mindestens sechs Kombinationen oder mögliche Leseweisen. In den *Discos visuales* (Visuelle Scheiben), die er 1969 zusammen mit dem Maler Vicente Rojo herausbringt, erreichen Paz' Experimente mit dem Raum und seine Kombinationskunst einen Höhepunkt. Ein Jahr zuvor war er mit den *Topoemas,* seinen »Raumgedichten«, den Weg weitergegangen, den Apollinaire mit seinen Kalligrammen und Tablada mit seiner konkreten Poesie vorgezeichnet hatten.

Bei den meisten Gedichten, die in *Ladera Este* (1969) zusammengefaßt sind – auch »Weiß« wird, in der linearen Version, aufgenommen –, gelangen die poetischen Verfahren zu einer ungeheuren Ruhe, als wirke der Strudel der Neuerungen jetzt mehr im Inneren und in der Tiefe als von außen und würde so in Stille alles wandeln. Andere, kurze Gedichte sind voller Humor und Ironie. Dann folgt die einzigartige Erfahrung mit *Der sprachgelehrte Affe,* zwar erst 1972 auf französisch und 1974 auf spanisch erschienen, geschrieben jedoch bereits 1970 – und erlebt während der sechs Jahre in Indien. Das Buch ist nicht nur in einer wunderschönen, eindringlichen Prosa geschrieben, es ist auch erneut eine Synthese all dessen, was Paz im Laufe vieler Jahre versucht hatte. Hier ist Schreiben ganz einfach Gehen. Und so geht man den Weg nach Galta, der sich verliert, so wie unsere Schritte weitergehen, uns nach und nach uns selbst überlassen: wehrlos uns selbst ausgeliefert. Mehrmals finden wir den Weg, um uns wieder zu verirren. Sind wir der Weg, oder all das, was uns ablenkt? Der Text schreitet fort wie eine Spirale. Die Dichtung ist schließlich die Konvergenz aller Punkte, ist ein Akt, der seinerseits ein Körper ist. Das Gedicht schreibt sich beim Lesen: beide Aktionen fallen zusammen, versöhnen sich miteinander, befreien sich gegenseitig.

Mit dem Datum Delhi, September 1966, erscheint im selben Jahr sein Vorwort zu der Anthologie moderner mexikanischer Lyrik, die als solche heute bereits ein Klassiker ist: *Poesía en movimiento. México 1915-1966*, ein Meilenstein in seiner Vita, da seine Rolle als Künstler und Zeitzeuge nicht weniger bedeutend gewesen ist als die des Förderers der Dichtung. Vielen jungen Dichtern wurden seine Lektüre, seine Meinung und seine Unterstützung zuteil. Octavio Paz gab diesen Band gemeinsam mit drei weiteren mexikanischen

Dichtern heraus. Alí Chumacero, Homero Aridjis und José Emilio Pacheco, und sie machten es sich in ihm zur Aufgabe, »die Augenblicke zu bergen, in denen die Dichtung nicht allein künstlerischer Ausdruck ist, sondern Suche und Veränderung statt bloßer Übernahme des Erbes.«

Im darauffolgenden Jahr (1967) wird Octavio Paz als Mitglied in das Colegio Nacional, die höchste Institution der Geisteswissenschaften in Mexiko, aufgenommen. Seine »Antrittsvorlesung« ist ein Essay über Claude Lévi-Strauss. Sein Einfluß auf die Kultur seines Landes nimmt immer weiter zu, auch wenn er persönlich in weiter Ferne weilt. Seine Zeit in Indien ist ohne Zweifel eine der produktivsten und glücklichsten. Doch sie bleibt ein Intermezzo, das im Oktober 1968 zu Ende geht. Wegen des Blutbads unter den demonstrierenden Studenten auf der Plaza de las Tres Culturas in Tlatelolco (Mexiko-Stadt) tritt er von seinem Posten als diplomatischer Vertreter seiner Regierung zurück. Eine Etappe seines Lebens geht zu Ende, und eine neue, die von größerem Aufsehen in der Öffentlichkeit geprägt ist, beginnt. Paz verläßt den »östlichen Abhang« seines Lebensweges.

2. Aktion und Geschichte

Octavio Paz' Rücktritt und seine Erklärungen vor der Weltpresse bringen seine Regierung in Harnisch. Die regierungstreue Presse attackiert ihn. Im Laufe der folgenden Jahre wird er noch oft öffentlich umstritten sein, weil er seine Meinung frei äußert, politisch Stellung bezieht. In den diplomatischen Dienst kehrt er nicht zurück. Ein Gedicht, »México: olimpiada de 1968«, aus der Wut über das Massaker geschrieben, wird als eine »intermitencia del Oeste« (Einbrechender Westen) in *Ladera Este* aufgenommen. Ein weiteres »einbrechendes« Gedicht, genannt »Canción mexicana« (Mexikanisches Lied), skizziert seinen Gemütszustand und die eigene Art seines politischen Handelns:

Wenn mein Großvater beim Kaffee saß,
Erzählte er mir von Juárez und Porfirio,
Den Zuaven und den Plateados.
Und das Tischtuch roch nach Pulver.

Wenn mein Vater sein Gläschen trank,
Erzählte er mir von Zapata und Villa,
Von Soto y Gama und den Flores Magón.
Und das Tischtuch roch nach Pulver.

Ich bleibe stumm:
Von wem könnte ich auch erzählen?

Seine Tischtücher riechen nicht nach Pulver, sondern nach Tinte, aber seine Kulturschlachten werden, wie die seiner Vorfahren, wenn nicht gar mehr, die kulturelle Wirklichkeit des Landes aufrühren. Der Dichter kehrt also zurück zu seiner – neuen – stürmischen Jahreszeit, zu einer Zeit glühender Vernunft; und er schreibt einen klarsichtigen, kämpferischen Essay über Mexiko, in dem er offen die Studentenbewegung und das Gemetzel von Tlatelolco anspricht, den Mangel an Demokratie im Lande und das Fehlen politischer Alternativen in dieser Situation; auch eine Kritik an der Illusion des Fortschritts schließt er an. Zunächst bringt er diesen Essay in Form eines Vortrags an der Universität von Texas an die Öffentlichkeit. Dann erscheint er in Mexiko unter dem Titel *Posdata* (Nachtrag, 1970), denn er betrachtet den Essay als eine Fortführung von *Das Labyrinth der Einsamkeit*. Es handelt sich um eine Kritik an der Regierung, doch dahinter steht mehr: eine Kritik und eine Dechiffrierung der Geschichte Mexikos mit all den jüngsten Irrtümern und Schrecken. Eine »Kritik der Pyramide« und der Götzen in uns selbst.

Nachdem er in England und den USA an verschiedenen Universitäten Vorträge gehalten hat, kehrt er in sein Land zurück. Seine frühere Rückkehr, 1953, war geprägt gewesen von dem Bedürfnis, die mexikanische Kultur auf den Stand der modernen Entwicklung zu bringen. Zu Beginn der siebziger Jahre tritt sein politisches Interesse wieder stärker in den Vordergrund. So erläutert er es 1989 in einem Interview: »Als ich in den Fünfzigern zurückkehrte, war das eigentlich Wichtige, Mexiko eine Stimme zu geben. Bei meiner Rückkehr in den Siebzigern ging es in der Hauptsache darum, über Mexiko nachzudenken, um das Land zu verändern. Und so stehen die Dinge auch heute noch für uns.« Das Bedürfnis, auf dem Gebiet der Kultur aktiv zu werden – »Räume zu erschließen für die kritische Phantasie« – charakterisiert offenbar seine neue Beziehung zu Mexiko.

Seine politischen Vorstellungen haben, wie seine Lyrik, in ganz Lateinamerika ein großes Echo gefunden, zuweilen auch heftige Polemiken entfacht. Zehn Jahre nach *Posdata* veröffentlichte Paz einen umfangreichen Band mit Essays zu Geschichte und Politik, *Der menschenfreundliche Menschenfresser* (*El ogro filantrópico*, 1979). Dieses Bild wählt Octavio Paz, um den mexikanischen Staat zu kennzeichnen. Der erste Teil des Buches, »Die Gegenwart und ihre Vergangenheiten«, ist eine Fortführung seiner Analysen aus dem *Laby-*

rinth der Einsamkeit und *Posdata*. Der zweite konzentriert sich auf die Geschichte Mexikos, und der dritte handelt von Totalitarismus und Erotik. Schließlich enthält der Band noch mehrere Essays zum Thema des Intellektuellen und der Macht: Die Dissidenten, sagt Paz, sind die Würde und die Ehre unserer Epoche.

Tiempo nublado (Bewölkte Zeiten) ist eine Sammlung von Essays über Außenpolitik, über die Krise der imperialen Demokratie der USA und des russischen bürokratischen Systems sowie, insbesondere, über den Charakter der Beziehung zwischen den Vereinigten Staaten und Lateinamerika. In all seinen politischen Essays bekräftigt Paz die Notwendigkeit einer kritischen Haltung für den modernen Intellektuellen, unabhängig von Parteien oder Dogmen. Seine Arbeit des politischen Analytikers definiert er als die forschende Leidenschaft eines Schriftstellers, eines Dichters, der jenseits seiner Dichtung auch Zeugnis ablegt von seiner Zeit. Ein Großteil seiner Aufsätze zu Literatur und Politik wurden ursprünglich in den Zeitschriften veröffentlicht, die er selbst seit Beginn der siebziger Jahre in Mexiko herausgab: *Plural* (von 1971-1976) und *Vuelta* (ab 1976). Immer wieder standen die beiden Zeitschriften im Mittelpunkt der politischen und kulturellen Auseinandersetzung, in die Paz in den letzten beiden Jahrzehnten, den Jahren seiner neuen stürmischen Jahreszeit, aktiv eingegriffen hat.

In diesen beiden Jahrzehnten geistert das Gespenst des Libertären durch Mexiko, durch ganz Lateinamerika, in gewisser Hinsicht vergleichbar mit den dreißiger Jahren. Das kulturelle Milieu, in dem Paz die Rolle übernommen hat, den galoppierenden Totalitarismus anzuprangern, in den sich dieses libertäre Gespenst verwandelt hat, steht ihm oftmals feindlich gegenüber. Seine politische Feder, sein Wort, ist – gelegentlich auch heute noch – der Finger auf der Wunde.

Seine kritische Haltung zum Beispiel dem russischen Totalitarismus gegenüber – in seinen Schriften erkennbar seit den fünfziger Jahren, in seiner Entwicklung bereits seit den Vierzigern, als er sich mit Kostas Papaioannou befreundete – wird jahrelang von den Hohepriestern in Universitäten und Redaktionen als »reaktionäres Denken« oder »Komplizentum mit dem Imperialismus« bezeichnet. Als schließlich der russische Totalitarismus mit all seinen Ideologien ins Wanken gerät, bleibt denselben Leuten nur, in der Haltung Paz' eine »Vorahnung« zu sehen, denn sie können nicht akzeptieren, daß es sich bei ihm stets um eine Analyse der Wirklichkeit handelte. Zu Beginn des Jahres 1990, angesichts der sich zuspitzenden, unbestreitbaren Krise des sowjetischen Regimes, bringt Paz seine historisch-politische Analyse auf den heutigen Stand und veröffentlicht *Pequeña crónica de grandes días* (Kleine Chronik großer Tage). Im Vorwort resümiert er die großen Ereignisse, von denen er in seinem Leben betroffen war, sowie seine Entwicklung zum aktiven, streitbaren Politanalytiker: »Ich wurde 1914 geboren, schlug die Augen auf in einer Welt, die von den Ideen der Gewalt beherrscht war, und ich begann, in politischen Begriffen zu denken angesichts dessen, was mich umgab: der spanische Bürgerkrieg, der Aufstieg Hitlers, die Abdankung der europäischen Demokratien, Cárdenas, Roosevelt und der New Deal, die Mandschurei und der chinesisch-japanische Krieg, Gandhi, die Moskauer Prozesse und die Verklärung Stalins, den unzählige europäische und lateinamerikanische Intellektuelle verehrten. Ich trat an, erleuchtet von Ideen, die sich nach und nach trübten; also wurde ich zum Schauplatz vieler innerer Kämpfe, die sich bald in öffentliche Auseinandersetzungen kehrten. Weder freue ich mich über diese Kämpfe, noch bereue ich sie.«

3. Erinnerung und Melancholie

Die Rückkehr nach Mexiko in den siebziger Jahren hat zwei Seiten. Auf der einen Seite steht die Aktion, Politik, auf der anderen Dichtung und Melancholie. Die Stimmung, die in seinen damaligen Gedichten vorherrscht, ist eindeutig von der Erinnerung geprägt: er beschwört die Schatten, klärt seine Vergangenheit. Während seine politischen Schriften eine Konfrontation mit dem menschenfreundlichen Menschenfresser sind, Tagesgeschäft, ist seine Dichtung ein Zurück zu sich selbst, nächtliche Reflexion. Sein poetisches Schaffen der Siebziger wird von einer nächtlichen Kraft getrieben, seine Gedichte sind Nachtstücke.

Der Band *Vuelta* (Rückkehr) sammelt die Lyrik aus den Jahren 1969 bis 1975, Gedichte einer Heimkehr, nicht nur aus dem geographischen Osten, sondern aus jenem Osten der Poesie, in den der Dichter sich begeben hatte. Die Erinnerung legt eine »Urlandschaft« frei, doch wird nicht die Erinnerung erforscht, sondern die Dichtung, die im Entstehen, Gesagtwerden, Gelesenwerden gestürzte Welten schafft und neu erschafft. Die Freunde und die Stadt der dreißiger Jahre treten auf, mit sanftem Atem erscheinen seine »Jardines errantes« (Schweifende Gärten). 1974 schreibt er das Langgedicht »Von der Kladde zur Klarheit«, das im Jahr darauf veröffentlicht wird. Darin ruft der Dichter die Vergangenheit an, läßt sich von ihr überwältigen. Eine neue Grammatik der Welt nimmt Gestalt an, und der Dichter erkennt nach und nach unter all den Bezügen auf vergangene Leben anderer die eigenen Bezugspunkte wieder. Es ersteht das heruntergekommene Herrenhaus seiner Kindheit, zerfällt, heimgesucht von seinen Gespenstern. »Indem ich von dem Haus rede, werden meine Worte rissig«, sagt Paz. »In meinem Haus gab's mehr Tote als Lebende. (...) Während das Haus zerfiel, wuchs ich heran. Ich war (ich bin) Gras, Unkraut zwischen Schutt ohne Namen.« Und am Ende des Gedichtes, ganz im Sinne seiner Poetik, fügen sich Aktion, Gedicht und Dichter zusammen, lösen sich auf: verschmelzen miteinander. »Schritte, drinnen in mir, vernommen mit den Augen, das Murmeln ist im Kopf, ich selbst bin meine Schritte, ich hör die Stimmen, die ich denke, die Stimmen, die mich denken, indem ich sie erdenke. Bin der Schatten, den meine Worte werfen.« Eine Neuausgabe seiner gesamten Lyrik der Jahre 1935 bis 1975 erschien 1976 unter dem Titel *Poemas*.

Angeregt durch seine Zeit in Fernost veröffentlichte er 1971 ein Gemeinschaftsgedicht, geschrieben nach dem japanischen Modell des Renga, an dem der Franzose Jacques Roubaud, der Italiener Edoardo Sanguineti und der Engländer Charles Tomlinson mitwirkten. Mit Tomlinson unternahm er später einen ähnlichen, allerdings zweistimmigen Versuch mit dem Titel *Hijos del aire* (Kinder der Lüfte, 1979).

Nachdem er elf Jahre lang keine Gedichtsammlung mehr herausgebracht hatte, sondern ausschließlich zahlreiche Essay-Bände, veröffentlichte er 1987 *In mir der Baum* (*Árbol adentro*); darin tritt mit Macht wieder die erotische Seite seiner Dichtung zutage, neuerliche Bestätigung, daß seine Poetik eine Erotik ist, im Sinne einer Suche nach dem Anderen, der ersehnten »Andersheit«, einer Begegnung mit ihr an der greifbaren Oberfläche des Gedichts. In dem Band *In mir der Baum* werden alle Dinge – die Bäume zum Beispiel, die ihr Laub wiegen – zu Sprache, zur Zwiesprache mit der Geliebten. Doch die Dinge sind Zeichen, die sich die Verliebten streuen wie Samen. Das Buch schließt mit einem der schönsten Langgedichte seines gesamten Œuvres: »Charta des Glaubens« (»Carta de creencia«), ein Stück über Liebe und Poesie.

Octavio Paz war auch immer ein leidenschaftlicher, unermüdlicher Übersetzer. Er hat verschiedene Thesen zur Übersetzung entwickelt, vor allem aber hat er eine Reihe ausländischer Dichter in Mexiko bekannt gemacht. Fernando Pessoa war einer von ihnen. Zudem hat er aber auch, mit fremder

Hilfe, chinesische, japanische und schwedische Autoren übertragen. In seinem Buch *Versiones y diversiones* (1974) faßte er einen Großteil seiner übersetzerischen Arbeit zusammen.

Auch als literarischer Essayist blieb er in diesen beiden Jahrzehnten äußerst rege; es erschienen *In/mediaciones* (Un/vermittelt, 1979), *Sombras de obras* (Der Werke Schatten, 1983), *Hombres en su siglo* (Menschen und ihr Jahrhundert, 1984), *Primeras letras 1931-1943* (Frühe Schriften, 1988) sowie einige Interviews in *Pasión crítica* (Kritische Leidenschaft, 1983). 1974 brachte er wieder ein grundlegendes Buch heraus: *Die andere Zeit der Dichtung* (*Los hijos del limo*), basierend auf Vorträgen, die er 1972 in Harvard über Literatur und das Ende der Avantgarde gehalten hatte, beziehungsweise über »die moderne Tradition der Dichtung«, Reflexionen über »die doppelte, antagonistische Versuchung, die abwechselnd oder gleichzeitig die modernen Dichter fasziniert hat: die religiöse und die politische Versuchung, Magie und Revolution. Dem Christentum gegenüber stellt sich die moderne Dichtung dar als eine *andere* Religion; den Revolutionen des 19. und 20. Jahrhunderts gegenüber als die Stimme der Ur-Revolution. Eine zweifache Heterodoxie, eine zweifache Spannung, gleichermaßen präsent bei dem Romantiker William Blake wie bei dem Symbolisten Yeats oder dem Avantgardisten Pound; bei Baudelaire ebenso wie bei Breton, bei Pessoa wie bei Vallejo.«

1982 veröffentlicht er *Sor Juana Inés de la Cruz oder Die Fallstricke des Glaubens* (*Sor Juana Inés de la Cruz o las trampas de la fe*), einen großen biographischen Essay, eine literaturkritische Studie und zugleich ein Geschichtsbuch über das Vizekönigreich Neuspanien. Es ist ein fundamentales Buch in der mexikanischen Literatur, die Studie eines heute noch lebendigen Werkes, einer umstrittenen Vergangenheit und Betrachtung von Lebensumständen, die einen deutlichen Vergleich mit der Gegenwart erlauben. Erneut reflektiert Octavio Paz über den Ort der Dichtung in der Geschichte.

1987 erscheinen in einer dreibändigen Ausgabe Octavio Paz' Schriften über Mexiko. Der erste Band, *El peregrino en su patria* (Der Pilger in seinem Vaterland), vereinigt eine umfangreiche Auswahl von Aufsätzen über Politik und Geschichte Mexikos. Der zweite, *Generaciones y semblanzas* (Generationen, Leben), enthält Aufsätze über mexikanische Literatur und Schriftsteller. Der dritte, *Los privilegios de la vista* (Die Vorzüge des Sehens), ist am ungewöhnlichsten: er präsentiert eine reichhaltige Sammlung von nie zuvor im Zusammenhang gesehenen Essays über die Kunst Mexikos: prähispanische Kunst, Kunst des 19. Jahrhunderts, Kritik und Neubewertung des Muralismus, zeitgenössische Künstler. Die drei Bände werden unter dem Titel *México en la obra de Octavio Paz* (Mexiko im Werk von Octavio Paz) in den Handel gebracht und dienen später einer zwölfteiligen Fernsehserie als Grundlage. Octavio Paz hat mit einer gewissen Regelmäßigkeit für das Kulturprogramm des mexikanischen Fernsehens gearbeitet; nennenswert sind die *Gespräche mit Octavio Paz* (1984), eine Serie über *Ezra Pound* (1986), die besagte Serie *Mexiko im Werk von Octavio Paz* (1989) sowie die politische Serie *Das 20. Jahrhundert: Die Erfahrung der Freiheit* (1990).

In Anlehnung an den Titel *Los privilegios de la vista* wurde 1990 in einem Museum in Mexiko-Stadt, dem Centro Cultural/Arte Contemporáneo, eine große Ausstellung eröffnet, die einige der Kunstwerke zusammenstellte, die den Dichter wie Fixsterne auf seinem Lebensweg geleitet haben. Fast fünfzig Jahre Kunstkritik werden in einer umfangreichen und vielseitigen Ausstellung offenkundig. Ein großer Katalog mit dem Titel *Octavio Paz: los privilegios de la vista* enthält Abbildungen vieler der ausgestellten Werke und präsentiert sowohl Texte des Dichters über sie als auch verschiedene Essays zu Octavio Paz und seine Beziehung zur bildenden Kunst. In dieser Ausstellung werden außerdem zum ersten Mal die *Collages* von Marie José Paz gezeigt.

Ein neuer Essay über mexikanische Kunst, »Voluntad de

forma« (Formwille), eröffnete im gleichen Jahr den Katalog der Monumentalausstellung *Mexiko: Glanz dreier Jahrtausende* im Metropolitan Museum of Modern Art in New York.

Sein neuestes Buch, *La otra voz. Poesía y fin de siglo* (Die andere Stimme. Dichtung und Jahrhundertende, 1990), insbesondere der lange Titelessay, führt die Auseinandersetzung um die Stellung der Dichtung in der heutigen Welt fort, die bereits das Schlußkapitel von *Die andere Zeit der Dichtung* bestimmte. Daneben umfaßt *La otra voz* Aufsätze über Natur und Geschichte des Langgedichts sowie Studien zur Moderne, zum Mythos und zur Revolution in ihren jeweiligen Beziehungen zur Lyrik. »Diese Seiten«, sagt der Dichter, »sind nichts als eine Variation jener *Verteidigung der Poesie,* welche die Dichter seit mehr als zwei Jahrhunderten unermüdlich schreiben.« Das Erscheinen dieser *Verteidigung* fällt mit der Nachricht zusammen, daß Octavio Paz den Nobelpreis für Literatur erhält.

Unter den zahlreichen Anerkennungen und Preisen, mit denen das Werk von Octavio Paz bedacht worden ist, sind zu nennen: 1943 Stipendium der Guggenheim-Stiftung; 1956 Premio Xavier Villaurrutia, Mexiko; 1963 der Brüsseler Grand Prix International für Poesie; 1972 Ehrenmitgliedschaft der American Academy of Arts and Letters; 1973 Doktor h. c. der Universität von Boston; 1977 Jerusalem Prize, Premio Nacional de Letras, Mexiko, und Premio de la Crítica, Barcelona; 1979 Grand Aigle d'Or des Festival du Livre, Nizza, und Doktor h. c. der Universidad Nacional Autónoma de México; 1980 Premio Ollin Yolliztli sowie Doktor h. c. der Harvard-Universität; 1981 Premio Miguel de Cervantes; 1982 der Neustadt – International Prize der Universität von Oklahoma; 1984 Friedenspreis des deutschen Buchhandels; 1985 Preis der Stadt Mazatlán, der Dichterpreis der Stadt Oslo sowie Doktor h. c. der Universität von New York; 1986 Premio Alfonso Reyes, Mexiko, und Cruz de Alfonso X El Sabio, Madrid; 1987 Premio Menéndez Pelayo, Santander, der T. S. Eliot-Preis der Enciclopedia Britannicae und American Express-Preis, Miami; 1989 Prix Alexis de Tocqueville, Frankreich, und der Montale-Preis, Italien. 1990 Nobelpreis.

Das Werk, das Octavio Paz, der Dichter, Essayist, politische Analytiker, streitbare Geist, Herausgeber, Übersetzer und aktive Förderer der Kultur im Laufe von fast sechs Jahrzehnten geschaffen hat, hat der Literatur unserer Sprache die Türen zur Moderne und zugleich zu ihren Auflösungserscheinungen geöffnet, es hat Brücken geschlagen zu den Literaturen anderer Sprachen und anderer Zeiten, und es hat uns alle die Notwendigkeit der gegenseitigen Durchdringung von Kritik und Kreativität gelehrt.

Koda
Der Baum des Mittags

In einem ausführlichen Interview mit Octavio Paz über sein Leben und sein Werk (in Ausschnitten gezeigt in der Fernsehsendung *Itinerario poético*, ›Werdegang eines Dichters‹, 1989) kam sein Gedicht »Von der Kladde zur Klarheit« zur Sprache, das er beschrieb als einen »Versuch, meine Kindheit und meine frühe Jugend zu sehen. (...) Denn ich glaube, das Kind ist der schöpferische Samen des Menschen. Alles, was wir tun, ist bereits im Kind angelegt; und worauf es im Leben eines jeden Menschen ankommt, ist, sich des Kindes, das wir einmal waren, würdig zu erweisen, die Prophezeiung von einem Menschen zu erfüllen, die jedes Kind ist.« Und auf den Nachtcharakter seines Gedichts angesprochen, formulierte Octavio Paz, worin für ihn auch der Sinn der Dichtung liegt: »›Von der Kladde zur Klarheit‹ ist ein Nachtstück, das stimmt. Aber so hatte ich es nicht gedacht. Ich würde dem gerne noch etwas hinzufügen. Das Gedicht endet mit einer Beschwörung, einem Ruf nach dem Mittag. Das ist eher ein gedanklicher als ein gelebter Mittag, denn das Gedicht setzt sich mit dem Gedanken des Todes auseinander: Wir sind sterblich, wir bestehen aus Zeit, aus Geschichte. Gibt es andere Auswege aus der Geschichte als den Tod? frage ich mich in bestimmten Augenblicken, und dann fällt mir das ein, was wir Mittag nennen können: dieser einmalige Augenblick, in dem die Zeit sich auflöst; das ist ein Ausweg aus der Geschichte und dem Tod. Ohne daß die Zeit aufhört zu fließen, scheint sie stillzustehen. Es ist das Fenster zur Ewigkeit, das jedem Menschen offensteht, eine Erfahrung, die die Mystiker sehr schön ausgedrückt haben. Aber dafür braucht man kein Heiliger oder Mystiker zu sein. Ich glaube, alle Menschen, alle Kinder, manche Verliebte, wir alle, wenn wir uns eine Dämmerung anschauen oder ein Bild, oder einen Baum, oder gar nichts, wenn wir nur eine Wand anschauen, dann leben wir diese Momente, in denen die Zeit sich aufhebt, sich auflöst: die großen Augenblicke des Menschen, die sein Ausweg sind. Ich selbst nenne das unsere kleine Portion Ewigkeit. Ich weiß nicht, ob wir noch eine andere haben, aber diese haben wir jedenfalls, und genau das fordert die Dichtung ein. Wenn die Menschen im 20. Jahrhundert mehr Gedichte läsen, könnten sie vielleicht einfacher zu diesen Augenblicken Zugang finden. Nicht weil die Poesie sie erschafft, sondern weil die Poesie sie offenbart, sie ausdrückt. ›Von der Kladde zur Klarheit‹ ist ein Nachtstück, gewiß, aber aus seiner Mitte erwächst unvermittelt der Baum des Mittags.«

Kurzbibliographie

Veröffentlichungen in spanischer Sprache:

Poesie

Luna silvestre. México, Fábula, 1933.
¡No pasarán! México, Simbad, 1936.
Raíz del hombre. México, Simbad, 1937.
Bajo tu clara sombra y otros poemas sobre España. Valencia, Ediciones Españolas, 1937.
Entre la piedra y la flor. México, Nueva Voz, 1941.
A la orilla del mundo. México, ARS, 1942.
Libertad bajo palabra. México, Fondo de Cultura Económica, 1949.
Semillas para un himno. México, Fondo de Cultura Económica, 1954.
Piedra de sol. México, Fondo de Cultura Económica, 1957.
La estación violenta. México, Fondo de Cultura Económica, 1958.
Salamandra (1958-1961). México, Joaquín Mortiz, 1962.
Viento entero. Delhi, The Caxton Press, 1965.
Blanco. México, Joaquín Mortiz, 1967.
Discos visuales. México, Ediciones ERA, 1968 (Arte de Vicente Rojo).
Ladera Este (1962-1968). México, Joaquín Mortiz, 1969.
La centena (1935-1968). Barcelona, Barral, 1969.
Topoemas. México, Ediciones ERA, 1971.
Renga. México, Joaquín Mortiz, 1972. Poema colectivo con Jacques Roubaud, Edoardo Sanguineti y Charles Tomlinson.
Pasado en claro. México, Fondo de Cultura Económica, 1975.
Vuelta. Barcelona, Seix Barral, 1976.
Hijos del aire/Air born. Con Charles Tomlinson. México, Martín Pescador, 1979.
Poemas (1935-1975). Barcelona, Seix Barral, 1979.
Prueba del nueve. México, Círculo de Lectores, 1985.
Árbol adentro (1976-1987). Barcelona, Seix Barral, 1987.
Lo mejor de Octavio Paz. El fuego de cada día. Selección, prólogo y notas del autor. Barcelona, Seix Barral, 1989.

Poetische Prosa

¿Águila o sol? México, Fondo de Cultura Económica, 1951.
El mono gramático. Barcelona, Seix Barral, 1974.

Theaterstücke

»La hija de Rappaccini«. México, en la *Revista Mexicana de Literatura*, 7, septiembre-octubre 1956, y en *Poemas,* 1979.

Essays

El laberinto de la soledad. México, Cuadernos Americanos, 1950. Segunda edición, Fondo de Cultura Económica, 1959.
El arco y la lira. México, Fondo de Cultura Económica, 1956.
Las peras del olmo. México, UNAM, 1957.
Cuadrivio. México, Joaquín Mortiz, 1965.
Los signos en rotación. Buenos Aires, Sur, 1965.
Puertas al campo. México, UNAM, 1966.
Claude Lévi-Strauss o el nuevo festín de Esopo. México, Joaquín Mortiz, 1967.
Corriente alterna. México, Siglo XXI, 1967.
Marcel Duchamp o el castillo de la pureza. México, Ediciones ERA, 1968. Incluido después en *Apariencia desnuda: la obra de Marcel Duchamp.* México, Ediciones ERA, 1973.
Conjunciones y disyunciones. México, Joaquín Mortiz, 1969.
México: la última década. Austin, Institute of Latin American Studies, University of Texas, 1969.
Posdata. México, Siglo XXI, 1970.
Las cosas en su sitio: sobre la literatura española del siglo xx. Con Juan Marichal. México, Finisterre, 1971.
Los signos en rotación y otros ensayos. Introducción y edición de Carlos Fuentes. Madrid, Alianza Editorial, 1971.
Traducción: literatura y literalidad. Barcelona, Tusquets Editores, 1971.
El signo y el garabato. México, Joaquín Mortiz, 1973.
Solo a dos voces. Con Julián Ríos. Barcelona, Lumen, 1973.
Teatro de signos/Transparencias. Edición de Julián Ríos. Madrid, Fundamentos, 1974.
La búsqueda del comienzo. Madrid, Fundamentos, 1974.

Los hijos del limo: del romanticismo a la vanguardia. Barcelona, Seix Barral, 1974.
Xavier Villaurrutia en persona y en obra. México, Fondo de Cultura Económica, 1978.
El ogro filantrópico: historia y política (1971-1978). México, Joaquín Mortiz, 1979.
In/mediaciones. Barcelona, Seix Barral, 1979.
México en la obra de Octavio Paz. Editado y con una introducción de Luis Mario Schneider. México, Promociones Editoriales Mexicanas, 1979.
Sor Juana Inés de la Cruz o las trampas de la fe. México, Fondo de Cultura Económica, 1982, y Barcelona, Seix Barral, 1982.
Tiempo nublado. Barcelona, Seix Barral, 1983.
Sombras de obras. Barcelona, Seix Barral, 1983.
Hombres en su siglo y otros ensayos. Barcelona, Seix Barral, 1984.
Pasión crítica: conversaciones con Octavio Paz. Edición de Hugo J. Verani. Barcelona, Seix Barral, 1985.
México en la obra de Octavio Paz (3 volúmenes). Vol. I. *El peregrino en su patria. Historia y política de México.* Vol. II. *Generaciones y semblanzas. Escritores y letras de México.* Vol. III. *Los privilegios de la vista. Arte de México.* Edición de Luis Mario Schneider y Octavio Paz. México, Fondo de Cultura Económica, 1987.
Primeras páginas. Edición e introducción de Enrico Mario Santí. Barcelona, Seix Barral, 1988, y México, Vuelta, 1988.
Poesía, mito, revolución. Precedido por los discursos de François Mitterrand, Alain Peyrefitte, Pierre Godefroy. Premio Alexis de Tocqueville. México, Vuelta, 1989.
La otra voz. Poesía y fin de siglo. Barcelona, Seix Barral, 1990.

Übersetzungen und Anthologien

Anthologie de la poésie mexicaine. Edición e introducción de Octavio Paz con una nota de Paul Claudel. Paris, Éditions Nagel (Col. UNESCO), 1952.
Anthology of Mexican Poetry. Edictión e introducción de Octavio Paz con una nota de C. M. Bowra, y traducción al inglés de Samuel Bekkett. Bloomington, Indiana University Press, 1958.
Basho, Matsuo. *Sendas de Oku.* Traducido por Eikichi Hayashiya y Octavio Paz, con una introducción de Octavio Paz. México, UNAM, 1957,

y Seix Barral, 1970.
Laurel: Antología de la poesía moderna en lengua española. Edición de Xavier Villaurrutia, Emilio Prados, Juan Gil-Albert y Octavio Paz. México, Editorial Séneca, 1941.
Pessoa, Fernando. *Antología.* Edición, traducción e introducción de Octavio Paz. México, UNAM, 1962.
Poesía en movimiento (México: 1915-1966). Edición de Octavio Paz, Alí Chumacero, Homero Aridjis y José Emilio Pacheco. México, Siglo XXI, 1966.
Versiones y diversiones. Traducciones de poesía. México, Joaquín Mortiz, 1974.

Ausgewählte Sekundärliteratur

Céa, Claire. *Octavio Paz.* Paris, Seghers, 1965.
Chantikian, Kosrof (Ed.). *Octavio Paz: Homage to the Poet.* San Francisco, Kosmos, 1980.
Cuadernos Hispanoamericanos. Núms. 343-345, enero-marzo 1979. Homenaje a Octavio Paz.
Fein, John M. *Toward Octavio Paz: A Reading of his Major Poems, 1957-1976.* Lexington, The University Press of Kentucky, 1986.
Flores, Angel (Ed.). *Aproximaciones a Octavio Paz.* México, Joaquín Mortiz, 1974.
Gimferrer, Pere. *Lecturas de Octavio Paz.* Barcelona, Anagrama, 1980.
Gimferrer, Pere (Ed.). *Octavio Paz.* Madrid, Taurus, 1982.
Gradiva, 6-7, febrero 1975. Paris. Homenaje a Octavio Paz.
Ivask, Ivar (Ed.). *The Perpetual Present: The Poetry and Prose of Octavio Paz.* Norman, University of Oklahoma Press, 1973.
Lemaître, Monique. *Octavio Paz: poesía y poética.* México, UNAM, 1976.
Magis, Carlos H. *La poesía hermética de Octavio Paz.* México, El Colegio de México, 1978.
Martínez Torrón, Diego. *Variables poéticas de Octavio Paz.* Madrid, Hiperión, 1979.
Peña Labra, 38, invierno 1980-1981. Homenaje a Octavio Paz.
Perdigó, Luisa M. *La estética de Octavio Paz.* Madrid, Playor, 1975.
Phillips, Rachel. *The Poetic Modes of Octavio Paz.* Londres, Oxford University Press, 1972. *Las estaciones poéticas de Octavio Paz.* México, Fondo de Cultura Económica, 1976.

Review, 6, otoño, 1972, New York. Homenaje a Octavio Paz.

Revista Iberoamericana, 37:74, enero-marzo 1971. Homenaje a Octavio Paz.

Rodríguez Padrón, Jorge. *Octavio Paz*. Madrid, Júcar, 1975.

Roggiano, Alfredo (Ed.). *Octavio Paz*. Madrid, Fundamentos, 1979.

Rojas Guzmán, Eusebio. *Reinvención de la palabra: la obra poética de Octavio Paz*. México, Costa-Amic, 1979.

Schärer-Nussberger, Maya. *Octavio Paz. Trayectorias y visiones*. México, Fondo de Cultura Económica, 1989.

Sucre, Guillermo *et al*. *Acerca de Octavio Paz*. Montevideo, Fundación de Cultura Universitaria, 1974.

Tizzoni, Julia L. M. *La palabra, el amor y el tiempo en Octavio Paz*, Paraná, Argentina, 1973.

Valencia, Juan y Edward Coughlin (Eds.). *Homenaje a Octavio Paz*. México, Universidad Autónoma de San Luis Potosí, 1976.

Verani, Hugo J. *Octavio Paz: bibliografía crítica*. México, UNAM, 1983.

Wilson, Jason. *Octavio Paz: A Study of his Poetics*. Cambridge, Cambridge University Press, 1979.

Xirau, Ramón. *Octavio Paz: el sentido de la palabra*. México, Joaquín Mortiz, 1970.

Das Werk von Octavio Paz im Suhrkamp Verlag

Poesie

Gedichte. Spanisch und deutsch. Übertragung und Nachwort von Fritz Vogelgsang. Bibliothek Suhrkamp 551. 319 S. und suhrkamp taschenbuch 1832. 304 S.
In mir der Baum. Gedichte. Spanisch und deutsch. Übertragen von Rudolf Wittkopf. Leinen. 279 S.
Suche nach einer Mitte. Die großen Gedichte. Spanisch und deutsch. Übersetzung Fritz Vogelgsang. Nachwort Pere Gimferrer. edition suhrkamp 1008. 215 S.

Poetische Prosa

Adler oder Sonne? Aus dem Spanischen von Rudolf Wittkopf. Bibliothek Suhrkamp 1082. Etwa 100 Seiten.
Der sprachgelehrte Affe. Aus dem Spanischen von Anselm Maler und Maria Antonia Alonso-Maler. Die Gedichte wurden von Rudolf Wittkopf übersetzt. Mit Photographien und Abbildungen. Bibliothek Suhrkamp 530. 132 S.

Essays

Die andere Zeit der Dichtung. Von der Romantik zur Avantgarde. Aus dem Spanischen von Rudolf Wittkopf. 216 S. Leinen.
Der Bogen und die Leier. Poetologischer Essay. Aus dem Spanischen von Rudolf Wittkopf. 395 S. Leinen.
Essays 1. Aus dem Spanischen von Carl Heupel und Rudolf Wittkopf. Nachwort von Carl Heupel. 297 S. Leinen.
Essays 2. Aus dem Spanischen von Carl Heupel und Rudolf Wittkopf. 439 S. Leinen.
Essays 1/2. Aus dem Spanischen von Carl Heupel und Rudolf Wittkopf. 2 Bände. 297 S. suhrkamp taschenbuch 1036.
Das Labyrinth der Einsamkeit. Essay. Übersetzung und Einführung von Carl Heupel. Bibliothek Suhrkamp 404. 220 S.
Lektüre und Kontemplation. Aus dem Spanischen von Thomas Brovot. 72 Seiten. Bütten-Broschur.

Der menschenfreundliche Menschenfresser. Geschichte und Politik 1971-1980. Aus dem Spanischen von Rudolf Wittkopf und Carl Heupel. edition suhrkamp 1064. 300 S.

Nackte Erscheinung. Das Werk von Marcel Duchamp. Aus dem Spanischen von Rudolf Wittkopf. suhrkamp taschenbuch 1833. 175 S.

Sor Juana Inés de la Cruz oder Die Fallstricke des Glaubens. Aus dem Spanischen von Maria Bamberg. Mit zahlreichen Abbildungen. 900 Seiten. Mit Abbildungen. Leinen.

Verbindungen – Trennungen. Ein Essay. Aus dem Spanischen von Elke Wehr und Rudolf Wittkopf. 182 S. Leinen.

Zwiesprache. Essays zu Kunst und Literatur. Aus dem Spanischen von Elke Wehr und Rudolf Wittkopf. edition suhrkamp 1290. 239 S.

Inhalt

Vorbemerkung 7

Erster Kreis
Werden des Dichters
1914-1943 9
   1. Die Wurzeln. Das Milieu 11
   2. Dichterische Leidenschaft
      und soziales Engagement 22
   3. Die Fragen der Zeit 30

Zweiter Kreis
Ein neuer Anfang
1944-1958 45
   1. Erste Vision des Labyrinths 47
   2. Die Früchte der Reife 53
   3. Zurück in Mexiko, wo die Sonne aufgeht 61

Dritter Kreis
Die neue stürmische Jahreszeit
1959-1990 75
   1. Neue alte Welten: Indisches Intermezzo 77
   2. Aktion und Geschichte 86
   3. Erinnerung und Melancholie 90

Koda
Der Baum des Mittags 96

Kurzbibliographie 98

Lateinamerikanische Literatur
in der edition suhrkamp und
in den suhrkamp taschenbüchern

»Imagination, Sensibilität, Liebenswürdigkeit, Sinnlichkeit, Melancholie, eine gewisse Religiosität und ein gwisser Stoizismus gegenüber dem Leben und dem Tode, ein tiefes Gefühl für das Jenseitige und ein nicht weniger ausgeprägter Sinn für das Hier und Jetzt ... Lateinamerika ist eine Kultur.« Octavio Paz

Ciro Alegría: Die hungrigen Hunde. Roman. Deutsch von Wolfgang A. Luchting. Mit einem Nachwort von Walter Boehlich. st 447

Isabel Allende: Das Geisterhaus. Roman. Aus dem Spanischen von Anneliese Botond. st 1676

Reinaldo Arenas: Wahnwitzige Welt. Ein Abenteuerroman. Aus dem Spanischen von Monika López. st 1350

José María Arguedas: Die tiefen Flüsse. Roman. Aus dem Spanischen von Suzanne Heintz. st 588

Miguel Barnet: Alle träumten von Cuba. Die Lebensgeschichte eines galicischen Auswanderers. Roman. Aus dem Spanischen von Anneliese Botond. st 1577

Der Cimarrón. Die Lebensgeschichte eines entflohenen Negersklaven aus Cuba, von ihm selbst erzählt. Nach Tonbandaufnahmen herausgegeben von Miguel Barnet. st 346

– Das Lied der Rahel. Mit einem Nachwort von Miguel Barnet. Aus dem Spanischen von Wilhelm Plackmeyer. st 966

Adolfo Bioy Casares: Die fremde Dienerin. Phantastische Erzählungen. Aus dem Spanischen von Joachim A. Frank. PhB 113. st 962

– Liebesgeschichten. Aus dem Spanischen von René Strien. st 1701

– Morels Erfindung. Roman. Mit einem Nachwort von Jorge Luis Borges. Aus dem Spanischen von Karl August Horst. PhB 106. st 939

– Schlaf in der Sonne. Roman. Aus dem Spanischen von Joachim A. Frank. st 691

– Der Traum der Helden. Roman. Aus dem Spanischen von Joachim A. Frank. st 1185

Augusto Boal: Theater der Unterdrückten. Übungen und Spiele für Schauspieler und Nicht-Schauspieler. Aus dem Brasilianischen von Henry Thorau und Marina Spinu. es 1361

Ignácio de Loyola Brandão: Kein Land wie dieses. Aufzeichnungen aus der Zukunft. Aus dem brasilianischen Portugiesisch von Ray-Güde Mertin. es 1236

– Null. Prähistorischer Roman. Aus dem Brasilianischen und mit einem Nachwort von Curt Meyer-Clason. st 777

Brasilianische Literatur. Herausgegeben von Michi Strausfeld. stm. st 2024

Lateinamerikanische Literatur
in der edition suhrkamp und
in den suhrkamp taschenbüchern

Héctor Pérez Brignioli: Mittelamerika. Aus dem Spanischen von Willi Zurbrüggen. es 1449

Guillermo Cabrera Infante: Drei traurige Tiger. Roman. Aus dem kubanischen Spanisch von Wilfried Böhringer. st 1714

Alejo Carpentier: Explosion in der Kathedrale. Roman. Aus dem Spanischen von Hermann Stiehl. st 370

– Die Harfe und der Schatten. Roman. Aus dem Spanischen von Anneliese Botond. st 1024

– Krieg der Zeit. Sieben Erzählungen und ein Roman. Aus dem Spanischen von Anneliese Botond. st 552

– Stegreif und Kunstgriffe. Essays zur Literatur, Musik und Architektur in Lateinamerika. Aus dem Spanischen von Anneliese Botond. es 1033

– Die verlorenen Spuren. Roman. Aus dem Spanischen von Anneliese Botond. st 808

José Cândido de Carvalho: Der Oberst und der Werwolf. Roman. Aus dem Brasilianischen von Curt Meyer-Clason. st 1092

Gregorio Condori Mamani: »Sie wollen nur, daß man ihnen dient ...« Autobiographie. Aus dem Spanischen von Karin Schmidt. es 1230

Julio Cortázar: Album für Manuel. Roman. Aus dem Spanischen von Heidrun Adler. st 936

– Alle lieben Glenda. Erzählungen. Aus dem Spanischen von Rudolf Wittkopf. st 1576

– Bestiarium. Erzählungen. Aus dem Spanischen von Rudolf Wittkopf. st 543

– Ende des Spiels. Erzählungen. Aus dem Spanischen von Wolfgang Promies. st 373

– Das Feuer aller Feuer. Erzählungen. Aus dem Spanischen von Fritz Rudolf Fries. st 298

– Die geheimen Waffen. Erzählungen. Aus dem Spanischen von Rudolf Wittkopf. st 672

– Letzte Runde. Aus dem Spanischen von Rudolf Wittkopf. es 1140

– Das Observatorium. Aus dem Spanischen von Rudolf Wittkopf. Mit Fotos von Julio Cortázar unter Mitarbeit von Antonio Gálvez. es 1527

– Oktaeder. Erzählungen. Aus dem Spanischen von Rudolf Wittkopf. st 1295

– Passatwinde. Erzählungen. Aus dem Spanischen von Rudolf Wittkopf. st 1370

– Rayuela. Himmel und Hölle. Roman. Aus dem argentinischen Spanisch von Fritz Rudolf Fries. st 1462

Lateinamerikanische Literatur
in der edition suhrkamp und
in den suhrkamp taschenbüchern

Julio Cortázar: Reise um den Tag in 80 Welten. Aus dem Spanischen von Rudolf Wittkopf. es 1045

Der Frauenheld. Geschichten der Liebe aus Lateinamerika. Herausgegeben und mit einem Nachwort versehen von Michi Strausfeld. st 1296

Carlos Fuentes: Nichts als das Leben. Roman. Deutsch von Christa Wegen. st 343

Fernando Gabeira: Die Guerilleros sind müde. Aus dem brasilianischen Portugiesisch übersetzt und herausgegeben von Henry Thorau und Marina Spinu. Nachwort von Hans Füchtner. st 737

Rómulo Gallegos: Canaima. Roman. Aus dem Spanischen übertragen von Doris Deinhard. st 1639

Elena Garro: Erinnerungen an die Zukunft. Roman. Aus dem mexikanischen Spanisch von Konrad Schrögendorfer. Mit einem Nachwort von Michi Strausfeld. st 1647

Oswaldo França Junior: Jorge, der Brasilianer. Roman. Aus dem brasilianischen Portugiesisch von Inés Koebel. es 1571

Lateinamerikaner über Europa. Herausgegeben von Curt Meyer-Clason. es 1428

Lateinamerikanische Literatur. Herausgegeben von Michi Strausfeld. stm. st 2041

José Lezama Lima: Die amerikanische Ausdruckswelt. Aus dem kubanischen Spanisch von Gerhard Poppenberg. es 1457

– Paradiso. Roman. Aus dem Spanischen von Curt Meyer-Clason unter Mitwirkung von Anneliese Botond. st 1005

Osman Lins: Die Königin der Kerker Griechenlands. Roman. Aus dem brasilianischen Portugiesisch von Marianne Jolowicz. st 1431

Clarice Lispector: Die Passion nach G.H. Roman. Aus dem brasilianischen Portugiesisch von Christiane Schrübbers und Sarita Brandt. st 1724

Pablo Neruda: Liebesbriefe an Albertina Rosa. Zusammengestellt, eingeleitet und mit Anmerkungen versehen von Sergio Fernández Larrain. Aus dem Spanischen von Curt Meyer-Clason. st 829

Juan Carlos Onetti: Das kurze Leben. Roman. Aus dem Spanischen von Curt Meyer-Clason. st 661

– So traurig wie sie. Erzählungen. Aus dem Spanischen von Wilhelm Muster. st 1601

Octavio Paz: Essays I/II. 2 Bände. Aus dem Spanischen von Carl Heupel und Rudolf Wittkopf. st 1036

Lateinamerikanische Literatur
in der edition suhrkamp und
in den suhrkamp taschenbüchern

Octavio Paz: Der menschenfreundliche Menschenfresser. Geschichte und Politik 1971-1980. Aus dem Spanischen von Rudolf Wittkopf und Carl Heupel. es 1064
– Suche nach einer Mitte. Die großen Gedichte. Spanisch und deutsch. Übersetzung Fritz Vogelgsang. Nachwort Pere Gimferrer. es 1008
– Zwiesprache. Essays zu Kunst und Literatur. Aus dem Spanischen von Elke Wehr und Rudolf Wittkopf. es 1290
Elena Poniatowska: Lieber Diego. Aus dem mexikanischen Spanisch von Astrid Schmitt. st 1592
– Stark ist das Schweigen. Vier Reportagen aus Mexiko. Übersetzt von Anna Jonas und Gerhard Poppenberg. Mit Abbildungen. st 1438
Manuel Puig: Die Engel von Hollywood. Roman. Aus dem Spanischen von Anneliese Botond. st 1165
– Herzblut erwiderter Liebe. Roman. Aus dem brasilianischen Portugiesisch von Karin von Schweder-Schreiner. st 1469
– Der Kuß der Spinnenfrau. Roman. Aus dem Spanischen von Anneliese Botond. st 869
– Der schönste Tango der Welt. Ein Fortsetzungsroman. Deutsch von Adelheid Hanke-Schaefer. st 474
– Verraten von Rita Hayworth. Roman. st 344
Horacio Quiroga: Geschichten von Liebe, Irrsinn und Tod. Aus dem Spanischen von Wilfried Böhringer, Hans-Otto Dill, Astrid Schmitt und Erna Stoldt. st 1711
Graciliano Ramos: Karges Leben. Aus dem Brasilianischen von Willy Keller. st 667
José Revueltas: Eingelocht. Erzählungen. Aus dem Spanischen von Monika López. es 1155
Darcy Ribeiro: Unterentwicklung, Kultur und Zivilisation. Ungewöhnliche Versuche. Aus dem Portugiesischen von Manfred Wöhlcke. es 1018
– Wildes Utopia. Sehnsucht nach der verlorenen Unschuld. Eine Fabel. Aus dem brasilianischen Portugiesisch von Maralde Meyer-Minnemann. es 1354
João Ubaldo Ribeiro: Sargento Getúlio. Roman. Aus dem brasilianischen Portugiesisch übersetzt und mit einem Nachwort versehen von Curt Meyer-Clason. es 1183
Der rote Mond. Phantastische Erzählungen vom Rio de la Plata. Vorwort von Adolfo Bioy Casares. Herausgegeben von Michi Strausfeld. Deutsch von René Strien und anderen. PhB 213. st 1536

Lateinamerikanische Literatur
in der edition suhrkamp und
in den suhrkamp taschenbüchern

Manuel Scorza: Trommelwirbel für Rancas. Eine Ballade, die davon erzählt, was geschah – zehn Jahre bevor Oberst Marruecos den zweiten Friedhof von Chinche gründete. Aus dem Spanischen von Wilhelm Plackmeyer. st 584

Osvaldo Soriano: Das Autogramm. Roman. Aus dem Spanischen von Volker Klotsch. st 1252

– Traurig, einsam und endgültig. Auf den Spuren von Laurel und Hardy in Hollywood. Roman. Aus dem Spanischen von Heidrun Adler. st 928

Antônio Torres: Diese Erde. Aus dem brasilianischen Portugiesisch übertragen und mit einem Nachwort versehen von Ray-Güde Mertin. es 1382

Dalton Trevisan: Ehekrieg. Erzählungen. Aus dem brasilianischen Portugiesisch von Georg Rudolf Lind. es 1041

Mario Vargas Llosa: Gegen Wind und Wellen. Literatur und Politik. Aus dem Spanischen von Elke Wehr. es 1513

– Gespräch in der Kathedrale. Roman. Deutsch von Wolfgang A. Luchting. st 1015

– Das grüne Haus. Roman. Deutsch von Wolfgang A. Luchting. st 342

– Der Hauptmann und sein Frauenbataillon. Roman. Aus dem Spanischen von Heidrun Adler. st 959

– Der Krieg am Ende der Welt. Roman. Aus dem Spanischen von Anneliese Botond. st 1343

– La Chunga. Ein Stück. Aus dem Spanischen von Dagmar Ploetz. es 1555

– Maytas Geschichte. Roman. Aus dem Spanischen von Elke Wehr. st 1605

– Die Stadt und die Hunde. Roman. Aus dem Spanischen von Wolfgang A. Luchting. st 622

– Tante Julia und der Kunstschreiber. Roman. Aus den Spanischen von Heidrun Adler. st 1520